# 子どもが水泳を始めたら読む本

8人の賢者に聞いた
60の習慣

原 功 著

ベースボール・マガジン社

# はじめに

## テイク・ユア・マーク

# はじめに　テイク・ユア・マーク

「幼稚園の友だちがやっているので私もやってみたい」という理由で孫が水泳を始めたのが6年前のこと。その付き添いでスイミングクラブに行き来するようになった。最初は息子夫婦と「水着とタオルがあればいいからお手軽だね」と話していた記憶がある。スイミングクラブまでは歩いて10分ぐらいの距離だ。たしか水泳は、東大生が子どものときの習い事1位だったはず。生活にリズムができ、基礎体力もつく。ほかの習い事と比べたら月謝も比較的安いらしい。わたしも息子たちも最初はそんな程度の認識だった。

まだ泳ぐというレベルではない時期から孫の成長を見てきた中で、半世紀以上も前の自分の小学生時代を思い出しながら折々にいくつもの疑問が湧いていた。あのころにゴーグルはあっただろうか、キャップは被っていただろうか、あんなに水着はカラフルだっただろうか、そういえば当時からスイミングクラブはあっただろうか、小学生や中学生の大会は開催されていただろうか、タイム計測はストップウォッチだっただろうか、もしも大会に出ていたら自分はどのくらいのタイムで泳げていただろうか、どこで大会をやっていただろうか……。

単なる付き添いのはずが、ほどなくして孫の練習を見ることが楽しくなった。仕事の都合をつけては見学に行った。ビート板を持ってバタ足で前に進めるようになった孫は、やがて息継ぎも覚えて自力で泳げるようになった。クロール、平泳ぎ、背泳ぎ、そして最後にバタフライ。4種目が泳げるようになると私は見学しながら秒刻みの時計でタイムをチェックしてメモするようになった。いっしょに泳いでいる友だちのタイムまで気になり出した。〈このごろ○○ちゃんは速くなってきた、▽△ちゃんは停滞気味かな〉。クラブ内の記録会のときは何度もトイレに行きながら、ドキドキしつつ動画を撮ったものだ。

やがて水泳そのものに興味が湧いてきた。どうしたら大会に出られるのだろうか、選手コースって何だろうか、その選手コースにはどんな人が集まっているのだろうか、どのくらいのタイムで泳げば及第点なのだろうか、JOCって何だろう、なぜ練習のときと大会のときの水着は違うのだろうか、中学生や高校生は勉強との両立ができているのだろうか、ケガをすることはないのだろうか、上級者は何を食べているのだろうか……。

孫が選手コースに進み、レースに出場するようになり観覧する機会が増えると、記録に関する興味が大きく膨らんだ。わたしの専門分野であるボクシングでも世界中のボクサーの戦績を扱っている記録サイトがあり、毎日のように仕事でそのサイトをチェックしている。わたしには「記録マニア」の一面があるらしい。帰宅すると孫が出場した大会のタイムを打ち込み、各種目のベスト記録を頭に叩き込んだ。その日に優勝したり入賞した選手は全国では何位ぐらいに入るのか、彼ら彼女らは1年前、2年前にはどんなタイムで泳いでいたのだろうか。この1年でどのくらいタイムを伸ばしたのだろうか。専門サイトで記録をチェックすることが楽しくなり、どんどん水泳にハマっていった。大会の運営や進行も気になり始めた。

1年前、孫が全国大会に出場することになり、旧知のスイミングマガジン編集長に報告を兼ねて電話してみた。私が退社してから20数年ぶりの突然の連絡に編集長は驚いた様子だったが、2ヵ月後、今度はこちらが驚くことになる。

「原さん、水泳のことを取材して本を書いてみませんか？」

各スポーツを始めた子どもの親向けに書籍をシリーズ化しているところなのだという。すでにバスケットボール、サッカー、バドミントンが発売されて好評なのだとか。わたしの専門はボクシングで、その分野の末席には45年ほどいるが、水泳に関しての知識は極めて少ない。いま現在の熱量はともかく、まだ興味を持ってから数年しか経っていないのだから当然だ。

「いやいや、ボクシングならともかく水泳は無理ですよ」と答えると、編集長は「むしろ興味や関心はあるけれど知識は少ないほうがいいんです。疑問がいっぱいあったほうが専門の人にシンプルな質問ができるから」とのこと。

大いに興味はある。知りたいことはたくさんある。一方で、一冊分の取材をして書くにはそれなりにエネルギーが必要だし、もちろん時間がかかることも知っている。抱えているレギュラーの仕事もある。とりあえずは健康だが、もしも途中で体調を崩して迷惑をかけたりしたら、と考えるとなかなか返事ができなかった。

迷っている私の背中を押してくれたのは水泳をやっている孫だった。「面白そうだね。ジイジ、やってみたら」

日頃、「目標を決めて、それに向かって頑張るんだよ」と言っている手前、あとには引けない。かくして8人の賢者に話を聞くことになったというしだいだ。

この春、6歳の孫娘も水泳を始めた。「私はお姉ちゃんみたいにいっぱい泳がなくてもいいけど、あの『テイク・ユア・マーク ピッ!』という音は聞いてみたい」のだとか。また楽しい付き添いが始まった。

原 功

# CONTENTS

# 第1章 〈水〉に慣れるには最初が肝心ですか?

CONTENTS

# 第４章 選手コースって何ですか？

CONTENTS

## 第6章 大会に出場すると何が変わりますか？

CONTENTS

QRコードについて
■ 本書掲載のQRコードをスマートフォンやタブレットで読み取ることでを同URLまたはYouTubeの動画をご覧いただけます。ただし配信元がURLを変更したり、経年により、インターネットのシステムが変化・終了したことにより視聴不良などが生じた場合、著者・発行者は責任を負いません。また、スマートフォンなどでの動画視聴時間に制限のある契約をされている方が、長時間の動画視聴をされた場合の視聴不良などに関しましても、著者・発行者は責任を負いかねます。
■ QRコードはデンソーウェーブの登録商標です。

## 水泳をやってきて良かったと思うことを教えてください　プロローグ

北島康介《きたじまこうすけ》さん

オリンピック金メダリスト

東京都荒川区出身

1982年生まれ。元競泳選手。2004年アテネオリンピック並びに2008年北京オリンピックで100m平泳ぎ、200m平泳ぎで2連覇2冠を達成した金メダリスト。5歳から東京スイミングセンター（東京SC）で水泳を始め、中学2年の時に東京SCの平井伯昌氏コーチに才能を見出される。日本体育大学を卒業後、日体大大学院に進学。2005年に日本人初のプロスイマーへ。選手活動に専念するため2006年に大学院中退。その後も数々の国際大会で活躍し、2016年4月のオリンピック選考会で競技活動を引退した。2018年東京都水泳協会副会長、2020年同協会会長に就任し、現在に至る。自身の冠大会『KOSUKE KITAJIMA CUP』を開催。2020年からはインターナショナル・スイミング・リーグ（ISL）のTokyo Frog Kingsのゼネラルマネージャーを務めている。株式会社IMPRINT代表取締役社長兼CEO。2023年に国際水泳殿堂から表彰された。

## 〈水〉に慣れるには最初が肝心ですか？　第1章

七呂靖弘《しちろやすひろ》さん

水泳コーチ

鹿児島県鹿児島市出身

鹿屋体育大学卒。日本スポーツ協会水泳コーチ1、競泳C級審判員、健康運動実践指導者。東京スイミングセンターでは幼児小学生教室、成人教室、低年齢の選手コースを長年担当していた。日々多くの子どもたちと接する中でさまざまな保護者対応の場面を経験し、子どもと保護者の関係性や成長を間近に感じてきた。現在は総務責任者として施設運営全体に携わる。

七呂理絵《しちろりえ》さん

水泳コーチ

東京都北区出身

東京リゾート＆スポーツ専門学校卒業。幼稚園教諭二種免許、保育士資格保有。東京スイミングセンターでは施設運営と指導に携わる。ベビー教室、幼児小学生教室を長年担当。「明るく元気に楽しく指導」がモットー。同センターに通う2人の女児の母で、ジュニア水泳選手の保護者でもある。

両者の共著で『やってみよう水泳』（ベースボール・マガジン社）がある。

## 水着は何着必要ですか？　第2章

吉永康裕《よしながやすひろ》さん

デサントジャパン株式会社
アリーナマーケティング部

愛知県名古屋市出身

小学3年生で水泳を習い始め、中学生から大学生まで本格的に競泳に取り組み、各年代の全国大会に出場し入賞を果たした。大学時代は、法政大学体育会水泳部主将としてチームに貢献、2003年に卒業。デサントジャパン株式会社に入社し、現在に至る。2008年4月からアリーナの競泳水着開発に取り組み、トップレーシング水着「アクアフォース」シリーズの開発に約17年携わる。自身の競泳選手としての経験を生かし、選手に寄り添った商品開発を手がけてアリーナ水着の進化を追求している。

## スイミングクラブはどういう仕組みですか？　第3章

八塚明憲《やつづかあきのり》さん

スイミングクラブコーチ／
大学水泳部監督

愛媛県新居浜市出身

水泳の名門校、広島県尾道高校でインターハイ総合優勝時のマネージャーを務め、法政大学でもインカレ総合初優勝時のマネージャーを務める。大学卒業後は、中京高校水泳部のコーチとなり多数の選手を輩出。その後、名古屋にある東レスポーツセンターでスイミングクラブ指導の基礎を学び、以降金田スイミングクラブに40年勤務、初心者から選手コース、成人コースを指導する。数多くの日本記録泳者、オリンピック選手を輩出。コーチとしてもオリンピックを経験した。一方で母校・法政大学水泳部を30年ぶりに3回目の総合優勝に導くとともに、2021年東京・立川市に民間初の公認プール、可動床を備えた金田スイミングクラブをオープンした。

おとうさん、おかあさんの悩みに寄り添う

# 8人の賢者たち

## 選手コースって何ですか？　第4章

**水野雅博《みずのまさひろ》さん**

水泳教室指導者

東京都千代田区出身

1956年生まれ。都立九段高校を経て、成蹊大学経済学部卒業。中学時代まで水泳を苦手にしていたが、高校1年生のとき全員参加の遠泳があり、清水の舞台から飛び降りる決意で水泳部に入部、“苦手の水泳”を克服した。その経験を活かし、大学在学中から高校水泳部の指導を開始。大学卒業後は藤村スイムスクールに就職し、以来水泳指導一筋、46年になる。全国大会優勝者を多数指導し、2025年3月に開催された全国ジュニアオリンピックでは同スクールを総合優勝に導いた。

## どうしたら勉強と両立ができますか？　第5章

**山本智志《やまもとさとし》さん**

水泳部顧問／保健体育教諭

大阪府守口市出身

小学生のころからクラブチームで水泳を習い、守口市立第四中学校と大阪府立四條畷高等学校の水泳部に所属。筑波大学体育専門学群に進学し、水球競技を始める。筑波大学修士課程体育研究科健康教育学専攻修了。現在、学習院女子中・高等科の保健体育の教諭をしている。主管（担任）として多くの卒業生を送り出し、入試担当も経験。水泳部の顧問として、長年部活動を指導。東京都高体連水泳専門部では委員長として高体連の大会運営や水泳競技の普及活動にも尽力している。

## 大会に出場すると生活の何が変わりますか？　第6章

**内田孝太郎《うちだこうたろう》さん**

競技会運営／次世代選手発掘・育成

東京都板橋区出身

都内スイミングスクールで選手を指導しながら競技会運営に携わり、2014年に東京都水泳協会専属職員として事務局長・専務理事に就任。競技会運営をはじめ競技力向上や普及事業を統括。日本選手権やジュニアオリンピックなど主要競技会では実行委員会総務を担当し、競技会運営を支えている。2015年には北島康介氏を冠した競泳競技会『KOSUKE KITAJIMA CUP』を立ち上げ、次世代選手の発掘・育成と水泳ファンの拡大に奮闘中。

## 陸上より水中のほうが楽って本当ですか？　第7章

**元島清香《もとじまさやか》さん**

整形外科医／スイマー

東京都文京区出身

3歳から水泳を始める。ジュニアオリンピックに出場したもののオリンピックは遠いことを実感した中2の時、オリンピックに行く手段として医師を目指す。日本大学医学部を卒業し、2008年から日本水泳連盟医事委員として活動を開始。念願かなってロンドン、東京、パリオリンピックにチームドクターとして同行した。2014年から高島平中央総合病院に勤務し、水泳愛好家から選手まで、安全により速く泳ぐための水泳に特化したリハビリテーションに力を入れて診療を行っている。現在も健康維持を目的に水泳を継続。

| | |
|---|---|
| デザイン | 黄川田洋志 |
| | 藤本麻衣 |
| | 田中ひさえ |
| 写真 | Getty Images |
| | Adobe Stock |
| 構成 | 青木和子 |

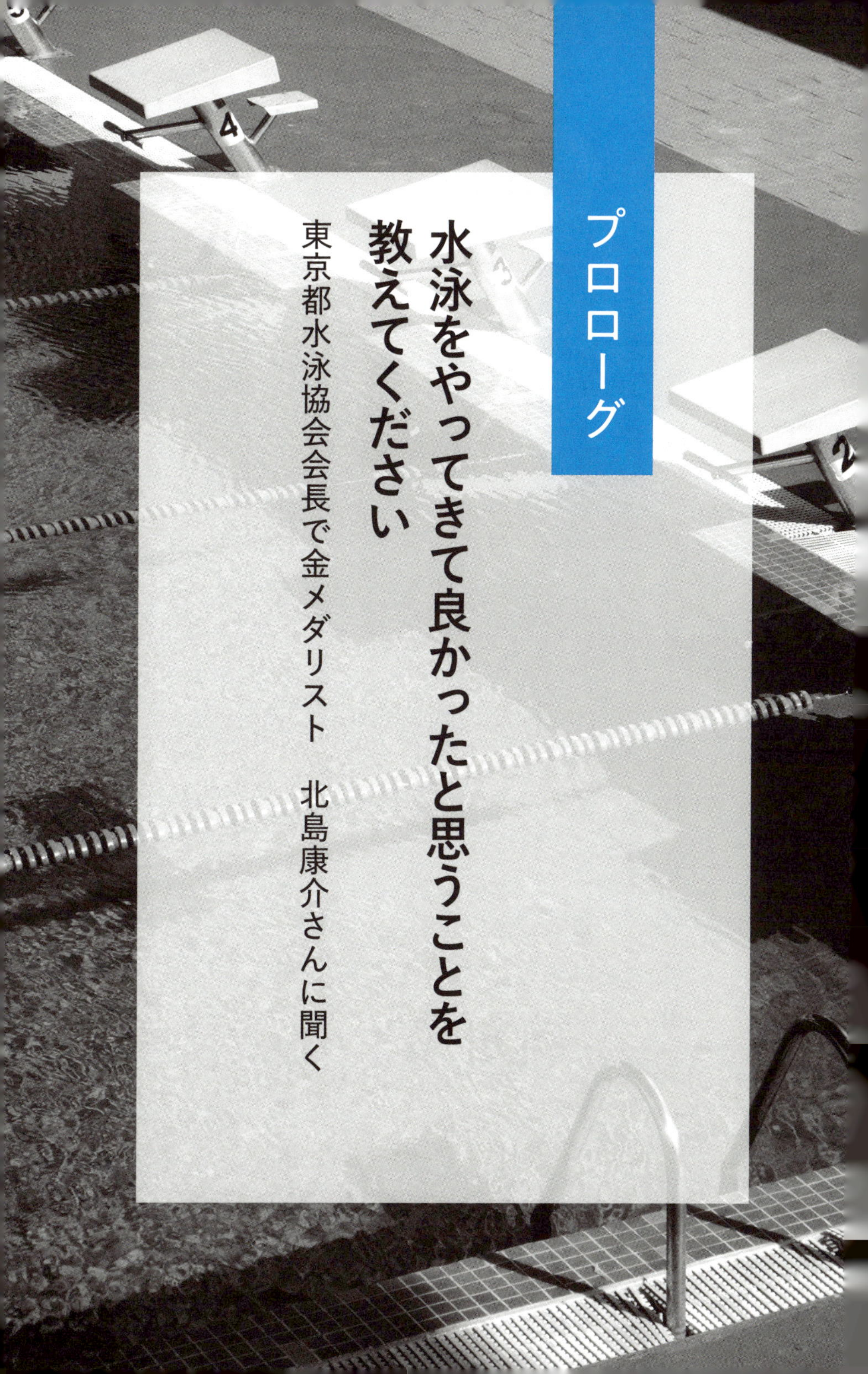

# プロローグ

## 水泳をやってきて良かったと思うことを教えてください

東京都水泳協会会長で金メダリスト　北島康介さんに聞く

この本を出版するにあたり、編集者との打ち合わせで「最初に水泳の楽しさ、面白さ、醍醐味を誰かに語ってほしい」という話が出た。そこで真っ先に名前が挙がったのが北島康介さんだった。ご存知のように北島さんは2004年アテネ・オリンピック、08年北京オリンピックの100m、200m平泳ぎの金メダリストである。アテネ大会のときの喜びを表した言葉、「チョー気持ちいい!」はその年の流行語大賞に選ばれたほどで、北京大会のときの「なんも言えねぇ」も、その泳ぎとともに多くの人の記憶に残っているはずだ。

北島さんは現在、東京都水泳協会の会長という要職にあり、現役時とは異なるかたちで水泳の繁栄に寄与している。

そんな北島さんこそ水泳全般について話をしていただく最適任者であることは間違いない。そう確信した私と担当編集者は水泳専門誌『スイミングマガジン』の桜間晶子編集長を頼り、北島さんにアポイントをとってもらった。そしてお忙しい中、北島さんに時間を工面していただき、対面で話をうかがうことができたというしだいだ。

取材当日、緊張する私と担当編集者の前に現れた金メダリストは、画面を通して見ていたとおり爽やかで溌溂とした、水泳が大好きな人だった。

## 泳いだ総距離は地球2周分

**原**　北島さんの現在のお仕事から教えていただきたいのですが。

**北島**　5年前から東京都水泳協会会長という立場にあります。東京都の水泳大会や活動を総括し、主管となっている大会への競技役員の派遣なども役割のひとつになります。僕は東京都生まれなので、東京都に貢献するという意味もあります。あとは国際大会になると国際水泳連盟からの要望で役員を派遣したりしています。

**原**　個人的な活動についても教えていただけますか。

**北島**　ビジネス面でいうとスイミングクラブを経営しています。その中には指導者を育てて派遣する活動も含まれます。また、ブランディングPR、アスリートマネージメントという仕事もあります。単に泳ぐことだけではなく、例えばライフセービングであったり、〈水〉に関することにも幅広くタッチしています。現役時代から起業していたので、引退後に自分の会社でスポーツとどう関わりをもっていくかということは早くから考えていました。

**原**　2016年に現役を引退していますが、現在も泳いでいますか。

北島　今は時間がないです。もう1年ぐらいは泳いでいないんじゃないかな。

原　泳ぎたくなりませんか。

北島　今はなりませんね。正直に言うと、もう一生分、地球2周分ぐらいは泳ぎましたから（笑）。ただ、体を動かすことは好きなので、トレーニングは週に1、2回必ずやっています。

原　スイミングクラブを経営していらっしゃるとのことですが、実際に指導もしますか。

北島　僕自身は指導はしません。すべてコーチに任せています。

## 水泳は心身両面の成長を感じられるスポーツ

原　現役時代と異なり、東京都の水泳協会会長という立場から、水泳を客観的に見ることが多いと思うのですが、どのように見ていますか？　例えば、泳ぐこと＝楽しい、泳ぐこと＝競うなど、どんなふうに見えているのでしょう。

北島　どうなんでしょう。今は大会を開催して無事に運営していく立場にあり、「東京都から世界へ」というスローガンも掲げていますから、選手強化や大会のことに意識がいっているんだと思います。特にいまは日本の水泳界と世界との差が広がっているので、ジュニア世代の育成が気になります。

**原**　2024年パリ・オリンピックでは、日本競泳の獲得メダル数が1つという結果に終わりましたから、次世代の育成というのは重要なテーマでしょう。ジュニア世代の育成というと親御さんの協力が必要ですね。

**北島**　はい。泳ぐことが好き、得意だと思ってくれる子どもたちを育てていければ、のめり込む子どもたちが増えていきます。そこでは親御さんの協力なしでは継続ができません。

**原**　どのスポーツにも言えることかもしれませんが、水泳を楽しむということと競技としての水泳という、両面がありますね。

**北島**　水泳を競技として見る場合には、例えば憧れの選手がオリンピックで活躍したらそういう人を目標にするでしょうし、割と目に見えて目標がわかります。水泳は成長を自分で感じることができるスポーツで、それは親御さんにとっても同じ。子どもの成長を自分の目で見ることができる、近くで見守れる競技ではないでしょうか。

**原**　老若男女、誰もが楽しめるという意味でも身近にあるスポーツといえますね。

**北島**　もともと水泳は学校教育から入ってくることが多い、みんなが通るスポーツですし、年齢、性別に関係なく、幅広く楽しんでもらえるものだと思うんです。

**原**　各スポーツで活躍している選手がほかにやっていたスポーツとして挙げるのが水泳で、一般的にも子どもの頃の習い事の1位が水泳のようです。

**北島**　メジャーリーグのロサンゼルス・ドジャースの大谷翔平選手もそうですし、2024年パリ・オリンピックのやり投げで金メダルを獲得した北口榛花選手も中学時代までは水泳をやっていたというし。身体能力を高めていくという意味でも水泳はすごくいい運動です。

**原**　ほかのスポーツをやる上でのベースになることが多いともいわれます。北島さんは水泳のどんなところが身体能力を上げていると思いますか。

**北島**　まず、水泳は全身運動であるということ。健康にいいし、大きなケガも少ないです。のちのちいろんな競技に方向転換をしやすいんだと思います。あと、僕は何といっても成長がわかるところがいいと思っています。目標を立ててそれに近づく、クリアする。体の成長だけではなく、自分が立てた目標をクリアするという、気持ちの面の成長も感じられるところがいいですね。それに、これはしっかり泳げるようになってからのことですが、25m、50mの競技で始まり、次は100m、それもいけるようになったら200mというようにタイム以外に、距離が伸びていくこと。そのことだけでも自分の成長を感じることができると思うんですよ。

## 〝抵抗スポーツ〟の面白さ

**原**　北島さんは5歳で水泳を始めたそうですが、子どもながらにうまくいかないと感じた時期はありましたか。そのとき親は背中を押してくれたりしたのでしょうか。

**北島**　いや、もう物心ついた頃から僕は速かったので（笑）。僕の場合、親が背中を押すというよりも、背中を押されるのが嫌だったから頑張った！という面があるかもしれません。

**原**　面白い！　そういう理由の頑張り方もあるんですね（笑）。そもそもスイミングクラブに通い始めたきっかけは何だったのでしょうか。

**北島**　幼稚園の友だちといっしょに短期教室に行ったのが始まりです。ただ友だちといっしょに行きたかった。水が嫌いではなかったこともあって、育成の段階をどんどんステップアップしていったんです。その頃は才能があるとかないとか、親もわからなかったと思うんですけど、水に入ることや試合（大会）が好きだったんでしょうね。

**原**　背中を押すという目に見えるかたちではなかったかもしれませんが、親御さんの協力はあったわけですよね。

**北島**　もちろん。さっきはああいう言い方、「背中を押されるのが嫌だから頑張った」とか言いましたが、いま考えると学校からスイミングクラブへの送り迎えをずっとしてもらいましたよね。小学校の高学年になると、自宅に帰らずに学校からそのままプールへ行くことが多くなりましたが。

**原**　北島さんは身長が約１８０㎝とのことですが、子どもの頃から大きいほうだったのですか。

**北島**　後ろから3番目とか5番目とか、目立って大きかったわけではないけれど、まあまあ大きいほうでした。でも１８０㎝といっても日本代表の中では真ん中ぐらいになってしまいます。

**原**　オーストラリアなど海外の選手の中には１９０㎝超えや２ｍという高身長の選手もいますよね。

**北島**　そうなんです。でも、水泳って身長じゃないんですよ。〝抵抗スポーツ〟なので、水中での抵抗にどう抗って打ち勝つかというところがあります。そこが水泳の面白さでもあります。

**原**　〝抵抗スポーツ〟ですか。

**北島**　そうです。体重が重ければ速く泳げるわけではないし、100kgのベンチプレスをクリアできる人が速く泳げるわけでもないですし。そこが〝抵抗スポーツ〟の面白いところでもあるんです。

## 記録を計る大会に出てみることをおすすめしたい

**原**　今はほかのスポーツも客観視することが増えたと思いますが、その中で水泳の良さを感じることはありますか。

**北島**　水泳って一度泳げるようになると一生泳げますからね。僕の立場で言えることは、好きで水泳をやってもらいたいし、長く続けてもらいたいという希望はあります。そして、できれば競技会に出てドキドキしたり、うれしい思いや悔しい思いを経験してほしいです。

**原**　せっかく一生ものの特技を手に入れたのに途中でやめてしまうのは惜しいですものね。

**北島**　はい。成長を感じられないとか、受験などの環境の変化があって、「水泳を続ける」という選択肢が省かれてしまうことがあります。それでも、また状況が許せば泳いでほしいです。

**原**　クロール、平泳ぎ、背泳ぎ、バタフライの4種目が泳げるようになると水泳を卒業してしまう、という話もよく聞きます。

**北島**　そうなんです。これは経験を通した僕の考えですが、サッカーや野球は練習した先にゲーム（試合）があって、それで成立するスポーツです。そういう意味ではいま、皆さんがとらえている水泳は少し違うのかなと。だから僕は水泳も、練習したことを試合（大会）というゲームまでやってほしいと思うんです。泳げるようになったね、成長したねで終わるのではなく、記録を計る大会に出て、これだけ泳げたよ、こんなタイムで泳げたよ、ということを自己認識してほしいですね。水泳って小学生で成長が止まるスポーツじゃないんですよ。ほかの競技にもいえることですが、今は30歳を過ぎたトップスイマーもいっぱいいますから。どこまで成長できるか、挑戦を続けてほしいです。

**原**　オリンピックに3度出場したスイマーの鈴木聡美さんのように、30歳を過ぎてから自己ベストを更新するという人もいますしね。成長期は個人差があると思いますが、北島さんは何歳ごろに一番成長を感じましたか。

**北島**　僕は中学から高校にかけてですね。中学1年のときは全国大会に出ても予選落ちするとか、まったく結果が出なかった種目もあったんですが、3年のときには優勝できました。自分が頑張るだけではなく、親の協力、指導者との巡り合いなど、この時期にはそういうものもありました。そう考えると小学生のときは下積みの時期だったんでしょうかね。

**原**　先ほど「ライフセービングであったり、〈水〉に関することにも幅広くタッチしている」とおっしゃっていましたが、オープンウォーター（別名・マラソンスイミングなど）の大会などにもタッチしているのでしょうか。

**北島**　過去にオープンウォーターの試合もしたことがありますが、個人的な感想としては苦手です。プールと違って海はずっと視界が変わらないし、深いし、何よりも進んでいる感じがしないんですよ（苦笑）。

**原**　なるほど、北島さんはそう感じるんですね（笑）。オリンピック競技でもありますが。

**北島**　そうなんです。だからオープンウォーター強化ということで毎年7月には試合をやっています。あとは、マラソンセーリング（揚力＝帆に働く力を使って、水上の決められたルートを進む競技）も普及したいと思っているんですが、なかなか難しいですね。

## 親の協力に感謝

**原**　学業との両立はできましたか。

**北島**　どちらかというと僕は勉強が苦手だったので、勉強をしたくないから水泳を頑張るというところがありました。一方で、勉強も頑張って結果を出すことを望む親の気持ちも理解できます。

**原**　北島さんは水泳一本だったのですか。

**北島**　いやいや、中学のときはめちゃくちゃ勉強させられましたよ。学校が終わって電車に乗ってスイミングクラブに行き、たっぷり泳いだあとの夜9時半ごろに電車で移動して塾に行っていました。練習が早く終わった日はいったん電車で家に帰り、それから塾に行くという生活でした。時間が足りませんよね。振り返ってみれば自分でもよくやっていたなと思います（笑）。

**原**　泳いだあとの塾はキツそうですが。

**北島**　あの頃は時間に追われていましたよ。

**原**　それで集中力が高まったということはありますか。

**北島**　集中力に繋がったかどうかはわからないんですけど、僕は小さいときからガーっと入り込むタイプだったのでやっていけたんだと思います。

**原**　すごくハードな生活だったでしょう。

**北島**　そういう中でも僕は親に負担をかけないように、大学までは水泳の推薦で行くと決めていました。結果オーライでしたが、とにかくハードでした。あのころの経験があるから我慢強く水泳選手を続けていけたんだと思います。そう考えると集中力が養われたのかもしれません。

**原**　思い出す親御さんの姿はありますか。

**北島**　弟も小学生のときは水泳をやっていて、親は大会になると僕らを見に来てくれました。弟は中学からは勉強中心になりましたから、親とすれば中学のときは僕よりも弟に対する期待のほうが高かったんじゃないですかね。

**原**　家で、親子の会話の中に水泳の話題はありましたか。

**北島**　ないわけではなかったですけど、親もこうしろ、ああしろとは言えないじゃないですか。その頃の僕は、なんでそんなことを言われなきゃいけないの！となるから。中学のときはずっと反抗期みたいなものでしたよ（笑）。でも、親が期待してくれていたことはわかっていたし、オリンピックに出場したときは喜んでくれましたね。小学校のときに送り迎えしてくれたことが始まりで、結果に繋がったと思うとやっぱりありがたいなと思います。

## あらためて思う、親、家族の役割

**原**　これまでに何度か親御さんの話が出てきましたが、水泳に関することでいえば北島さんから見た理想的な親と子の距離とはどんなものでしょうか。

**北島**　ちょっと距離をおいたほうがいいのかなと思います。ただ、子どもの性格にもよるでしょうね。お母さん、お父さんにべったりというのは違うかな。親にとって大事なことは、練習のときでも試合のときでもベストの状態で子どもを送り出してあげることができるかどうかでしょう。そのためには普段のバランスのとれた食事であったり、十分な睡眠であったり、日常のことが大事になります。それっていっしょに住んでいる家族にしかコントロールできない部分だと思うんです。親がそういったサポートに回れるかどうかなんじゃないでしょうか。

**原**　そう聞くと難しいことではないように思いますが、実際には簡単ではないんでしょうね。

**北島**　今のトップアスリートにもいえることなんですが、ただ競技を頑張れという応援だけでは限界があります。子どもを早く寝かせたり補食をしっかり摂らせるとか、そういう日常生活の管理が成長に繋がるという一面はあると思います。それはいっしょに生活している人が一番よくわかることなんです。風邪を引きそうだな、遅く帰ってきたから疲れていそうだなとか、きっとわかると思います。

**原**　特に小学生の場合は家族のサポートが必要でしょうね。

**北島**　僕もそうだったんですが、ときには練習に行くのが面倒になったり、やる気が起こらない日があります。大人でも子どもでもみんな経験があると思うんです。でも、じゃあ行かなくていいよ、ではなくて、行く方向にもっていくのも親、家族の役割だと思います。

**原**　私を含めてのことですが、大会ともなれば観覧席は出場選手の親、保護者で埋まります。子どもが出場しているところを見るのも親の役割のひとつといっていいでしょうか。

**北島**　もちろん。僕の親も見に来ていました。今はスマホで泳いでいるところを撮れますから、みなさん熱心です。でも、中には寝ているお父さんもいます（笑）。

**原**　大会の日は朝が早いんですよね（笑）。

**北島**　少し話が逸れるかもしれませんが、こうしてスポーツや水泳をしている子どもたちと関わっていて思うのは、やっぱり子どもたちが自主的に目標をつくって、成長をわかりやすく（感じやすく）してあげることが重要なんじゃないかと思うんです。

**原**　その環境は、北島さんの現役時代とは違いますか。

**北島**　僕らの子どもの頃は目標設定といったら、記録を出す、あの大会で勝つ、そういうことだけでした。でもいまは、例えば幼児スクールであれば親は子ども目線で見て感じていたいでしょうし、子どもたちが楽しんでやっているのを見て、それが喜びになるということもあるでしょう。それは一方でコーチからしたら子どもの安全と成長を見ていただけるという意味もあります。僕はその点で目標設定をもっと細分化して達成感を感じてほしいと思っています。次はクロールのキャッチのときに頭が上がらないようにしようとか、そういう目に見えるかたちで指導していくと、子どもはもちろん、親も「（今日、今週、今月の）子どもの成長」が感じられると思うんです。これは課題ですね。

**原**　コーチと子どもの関係、そこに親はどのように関わるものだと思いますか。

**北島**　例えば何々ができないのはコーチの教え方が悪いから、記録が伸びないのは指導者の力不足と言われるのは困ります。確かにコーチのスキルも重要ですが、見るのはそこではなく、いま頑張っている子どものことであってほしいんです。見れば、疲れているとか手を抜いているとか、すごく頑張っているとか気づくと思います。そして何より、少しでもできるようになったら褒めてあげてほしいんです。見ていてあげてください。

## 水に入るだけでストレス解消の効果

**原**　漠然とした質問になってしまいますが、北島さんにとっての水泳はどういう競技でしょうか。

**北島**　何だろう……答えになっているかどうかはわかりませんが、泳ぎながら自分が水の中でどんなふうにしているんだろうと感じながらやるスポーツですかね。水の中じゃないですか。地上にいるときに感じる重力とは違うので、そこがまた楽しいんですよ。言語化するのが難しいんですが、水の中の感覚って、もしかしたら産まれてくる前の赤ちゃんがお母さんのお腹の中にいるような感覚に近いのかなって思います。

**原**　羊水の中ですね。

**北島**　それだけではなくて、例えばプールの水の中でじーっとしているだけでも、実はストレスをめちゃくちゃ解消できたりするらしいんです。そういうエビデンス（裏付け）が出ていたりします。

**原**　初めて聞きました。

**北島**　簡単に言うと、水圧がかかることで脳が活性化して、運動効率が上がるんだそうです。いろんなデータを見ると東京大学に進んだ人の子ども時代の習い事の1位も水泳だというじゃないですか。だから頭を刺激して回転を良くして、いろんな行動を促したりするのは、実は水泳の効果なんじゃないかと思うんですよ。

## 水泳をやってきて良かった！

**原**　究極の愚問であることを承知でお聞きしますが、北島さんは生まれ変わってもまた水泳をやりますか。

**北島**　う〜ん……答えだけを言うならば、やることはやると思います。

**原**　意外にも歯切れの悪い答えですね（笑）。即答で「やります！」かと思ったんですが。

**北島**　最初にも言いましたが、もう地球2周分ぐらいは泳いだんです（笑）。それ以上かもしれない。生まれ変わっても水泳をやる場合、僕にとっての問題はどんな関わり方でやるか、というところなんです。単なる習い事のひとつとしては水泳をやりたいと思います。ただ、オリンピックを目指せとか金メダルを獲るためにやれと言われたら、それはちょっとキツいかなと思うんですよ（笑）。（現役時代の）当時はものすごくハードだったので、あの苦しさをもう1回味わうことを考えたら逃げたい気持ちもあります。でもその一方で、子どものときから引退するまでさまざまな成長過程で、普通では得られない経験をしたのも事実なので……。

**原**　難しい選択を迫ってしまいました。

**北島**　勝つだけではなく、負けて悔しい思いもいっぱいしたし、ケガもしました。でも、やっぱり水泳をやってきたことによって今の自分があると思うんです。それは間違いないです。

**原**　「やる」ということでよろしいでしょうか。

**北島**　そうですね。でも、やるとしたら同じような環境が必要でしょうね。あとタイミング。

**原**　では、これも愚問中の愚問なのですが、水泳をやってきて良かったと思いますか。

**北島**　それは絶対に良かったと思います。水泳と出合って、ほんとうに良かったです。いま、こうして健康でいられること、自分の体をデータで知っているという点でもやってきて良かったと思いますよ。日常生活の中で自分の状態がどうであるとか敏感に感じるし、わかるんです。これはスイマーだからこそ。それに基礎体力が全然違うと思います。ただし、走ったり飛んだりは苦手です（笑）。

Kosuke Kitajima(2008)

## プロローグの習慣（まとめ）

1 継続していくには
家族の協力が不可欠

2 目標を立ててクリアすることで
心身両面の成長が感じられる

3 背中を押されるのがイヤなら
先に自分で頑張る

4 水中での抵抗に抗って打ち勝つ
水泳の面白さを味わおう

5 競技会に出てドキドキしたり、
うれしい思いや悔しい思いを経験すべき

6 家族は練習や試合のときには
ベストの状態で
子どもを送り出してあげよう

7 勝つだけではなく、
負けて悔しい思いもいっぱいしよう

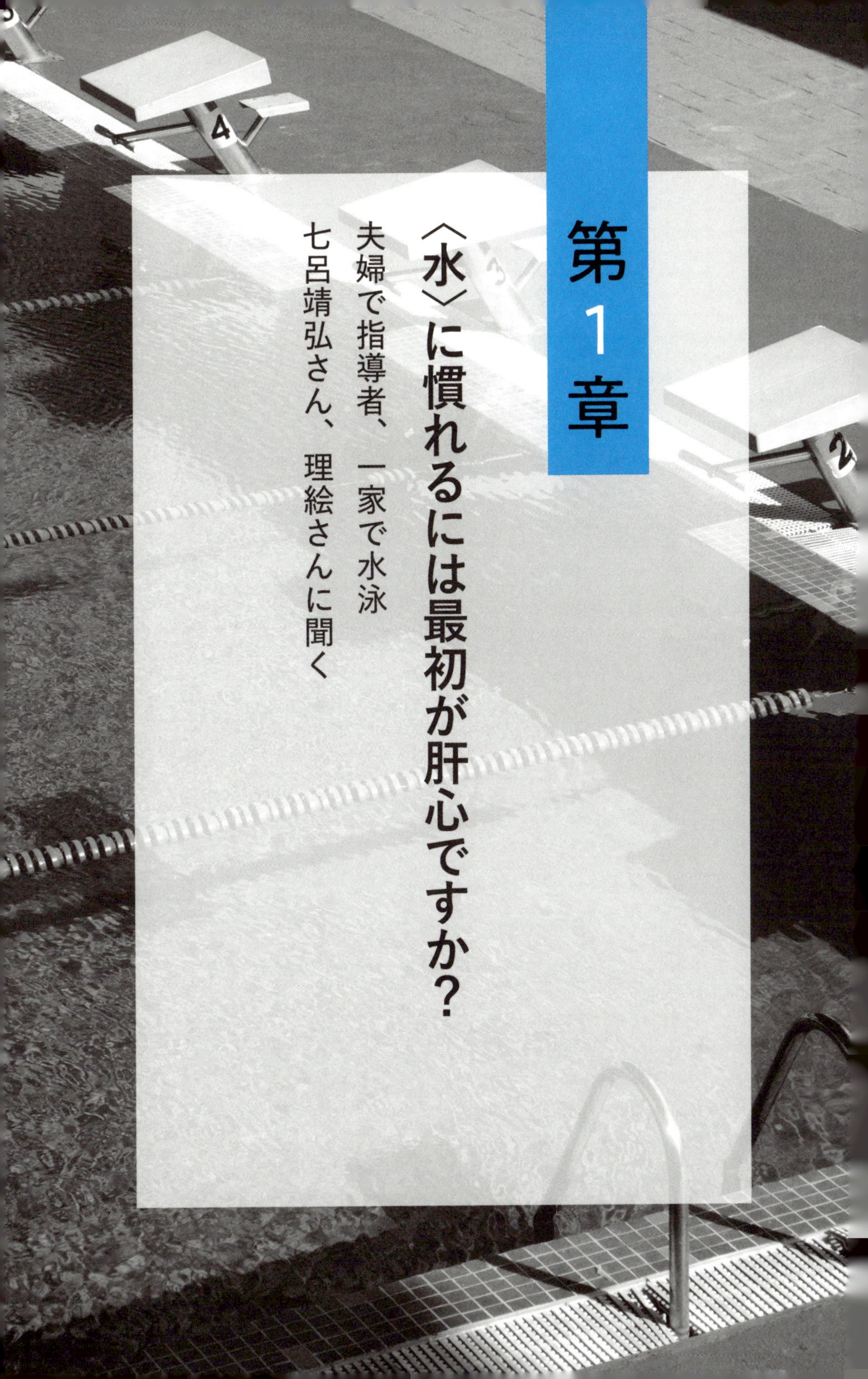

# 第1章

## 〈水〉に慣れるには最初が肝心ですか?

夫婦で指導者、一家で水泳
七呂靖弘さん、理絵さんに聞く

日々の生活において水は極めて身近なものといえるが、それは飲むためのものであったりシャワーや風呂といったものに限られる。だから、冷たい大量の水の中に体を浸けるとなったら、大人でも躊躇することが少なくない。まして年端も行かない子ども、特に幼児となったら一大事といえるはずだ。

それでも水泳は多くのデータでは子ども時代の習い事として不動の1位の座にいる。彼ら、彼女らはどんなきっかけで何歳ごろから水泳を始めたのだろうか。そして現場ではどんな指導が行われているのだろうか。そんな素朴な疑問を持って東京・巣鴨にある東京スイミングセンターを訪ね、七呂靖弘・理絵さんご夫妻に話を伺った。

靖弘さんは3歳のときにベビースイミングを始めたが、最初は泣いてばかりいたのだという。その後、高校まで水泳を続け多数の全国大会に出場した実績を持つ方で、優しさと情熱がビシビシと伝わってくる人だった。幼稚園教諭免許と保育士資格を持つ理絵さんは、声そのものが優しいソフトな人で、まさに幼児の指導にぴったりという印象だった。

そんなご夫婦に「水に入る」という水泳の初歩であり、かつ重要なテーマについて話を伺った。

［補足］このパートには著者の知り合いの40代ご夫婦にも加わっていただいています。お子さんは2人、小学校新１年生のお兄ちゃんは水泳を習い始めたばかりで、４歳になる妹もまもなく習い始める予定です。

# ベビースイミングは保護者がいっしょに入水

**原** 子どもがスイミングスクールに通い始める年齢や時期に関して、ある程度の傾向はあるのでしょうか。

**七呂** ありますね。夏になると保育園や幼稚園、それに小学校でプールが出てきますよね。それをきっかけに本格的に習ってみたいなと。だから季節でいうと夏が多いです。だいたい6月頃からプールが始まりますから、夏休みの前後です。逆にいうと夏以外の日常生活の中でプールや水泳に触れる機会は少ないともいえます。

**原** 何歳ぐらいで始めるケースが多いのでしょうか。

**七呂** ベビースイミングもあるので、0歳から始める子もいます。私たちのスイミングスクールではやっていませんが、赤ちゃんがお母さんのお腹にいる時期のマタニティクラスを設けているところもあります。

**原** 妊娠中の運動となるとリスクもありますね。

**七呂** そうなんです。リスク管理の問題が出てくるので、マタニティクラスを設けるとなると、医師が常駐しなければいけないなど施設側も盤石の態勢を整える必要が出てくるんです。

原　けっこう高いハードルですね。

七呂　はい。だからうちのスイミングスクールではマタニティクラスは設けていないんです。

原　東京スイミングセンターのベビースイミングの場合、生後何ヵ月から入会できるのでしょうか。

七呂　生後6ヵ月です。ただ、お母さん、もしくは付き添いの人といっしょに水に入っていただくことになります。もちろんお父さんの場合もありますし、おじいちゃん、おばあちゃんが付き添いでいっしょに入るケースもあります。

原　何歳から付き添いが必要なくなるんでしょうか。

七呂　3歳になると保護者と子どもを分離して集団指導というかたちに変わります。そうすると子どもたちの不安はすごく大きくなって保護者を目で追ってしまうんです。「お母さん、なんで助けてくれないの?」となってしまう。だから保護者の方には必要があれば子どもからは見えない場所で見学してもらいます。

父親　光景が目に浮かびます。まさにうちの下の子ども（女の子）がこれから水泳を始めるところです。上の子ども（男の子）のときにはすんなり始めることができましたが、ある程度時間が経たないと子どもは親、保護者がいない環境に慣れていかないように思います。

**七呂** そうなんです。最初に大泣きする子は男の子が多いように思います。

**母親** 想像ができますね。

**七呂** そうかと思えばお母さんがいっしょにプールに入っていないことに気づかず、そのまま1時間が過ぎてしまう子もいるんですよ。

**母親** その最初の壁でつまずいて、やめてしまうケースもあるのではありませんか？

**七呂** それはあります。ですから保護者の方には「ここを頑張ってもらえれば楽しく通ってもらえるようになりますよ」とお伝えしています。とても大事な時期であることを伝え、それで頑張って続けていく方もいます。

## 楽しい気持ちと不安、恐怖の気持ちの両方がある

**原** 七呂さんご自身の経験をお聞きしますが、どんなきっかけで、何歳から水泳を始めたのですか。

**七呂** ４歳上の姉が水泳を習っていて、それを見て「僕もやってみたい」と言ったら

指導上の注意点

## 恐怖よりもワクワクが勝る声がけをする

ほとんどの子どもは
一定の恐怖とワクワクの
両方を持っている

ワクワクが勝るような
声がけをして指導をする

集団指導のメリットは、
ほかの子どもが
楽しそうにしていることで
自身の不安が和らぐことにある

しいです。３歳のときだったと聞いています。でも、最初の１年ぐらいは毎回のように泣いていたみたいです（笑）。そこで親は〈ここで連れてくるのを諦めてしまったら、この子は一生泳げないままになってしまう〉と思ったのだとか。それで最初は足先をプールに入れることから始まって、１年ぐらい経ち４歳になってやっと馴染んだらしいです。

**原**　４歳前後だと確かな記憶としては残っていないと思いますが、その体験はいまの仕事で生かされているのではありませんか。

**七呂**　そうかもしれません。子どもがプールに入るときは楽しい部分と少しの不安、恐怖の両方を持っています。楽しい部分と怖い部分、どちらが先に出て、どちらが大きく出るかということで変わってきますね。当然、それは子どもによって違います。

**原**　七呂さんと同じようにきょうだいや友だちがやっているから水泳を始めるという子が多そうですね。

**母親**　まさにうちの子どもたち（兄妹）もそうなんです。お兄ちゃんを見ていて、やりたいと。

**七呂**　親、保護者の目線で見た場合は、兄弟姉妹、保育園や幼稚園の友だちが通っているからとか、小学生になると友だちからの繋がりで始めるケースが増えてきます。

それは自分の意思で、ということになりますね。

**原**　そもそも子どもの才能がわからないので、最初から競技者を目指して親が始めさせたというケースは少ないのではないでしょうか。

**七呂**　はい。たまたま近所にあったから子どもを通わせたという人も多いですし、半分ぐらいは、学校に行ったときに授業で困らない程度にできればいいですという感じです。喘息を治したいからとか、なんとなく体力がつきそうだから、という人もいます。子どもの健康増進とか体力をつけさせたいとか。あとは塾通いなど文科系の習い事しかしていないので、運動系の習い事として選んだというケースも多いです。

## 最初は頭の上から落ちてくる水滴で水慣れ

**原**　理絵さんは何歳のクラスを受け持っているのでしょうか。

**理絵**　私は3歳から小学生にかけてのクラスです。バラつきはありますが、8人から10人の子どもに対してコーチが1人という割合ですね。ちょっと手がかかりそうなクラスになるとアシスタントが付くこともあります。

**母親**　3歳というとコミュニケーションが十分にとれないたいへんさがきっとあり

ますよね。

**理絵** やっぱりうまく言葉が伝わらなかったりすることがありますね。そんなときは身振り手振りが割と多くなります。表情も柔らかめにしたり。子どもにしても伝えたいことが言えないことがあるので、例えばトイレに行きたいときにもじもじしているとか。そんな無言のメッセージも受け取れるように常に気にしながらやっています。

**母親** わかります。小さい子どもならではの伝える難しさがあります。たいへんですね。

**理絵** 小さい子のクラスは技術的な水泳の指導の部分というよりも、保育園、幼稚園の先生に近いかもしれないです（笑）。水の中で集団行動をするクラスというイメージです。とにかく楽しくやってもらうことがいちばんなので。

**原** 理絵さんはすごくソフトで優しい話し方なので、小さい子どもさんのコーチに向いているという印象です。保育士の資格をお持ちなんですか。

**理絵** 学生のときに資格は取ったんですが、でも保育園や幼稚園で働いた経験はないんです。だから必ずしも競泳で成績を残していなくても、そういった適性がある人には導入クラスを担当してもらうことがあります。小さな子どもは何かを習うという感覚で来ていませんから、何か食いつきのあるキャラクターのコーチのほうが子どもた

水泳の魅力❶

# 水泳は五感をダイレクトに刺激する

| TOUCH | TASTE | SMELL | HEARING | VISION |
|---|---|---|---|---|
| **触覚** | **味覚** | **嗅覚** | **聴覚** | **視覚** |
| 水の感触、体を伝う水の感触<br>水面の柔らかさ、水の抵抗 | 間違って口に入った水の味 | プールの匂い、塩素の匂い | 水の音、水中の音、ゴポゴポ | 水の中を見る |

水面に光が反射してキラキラ光る／揺れる水面／
水しぶき／水が流れる感触／潜ったときの気泡／
水面を叩いて水柱が立つようす／
水がこぼれる／水の柔らかさ

水泳の魅力❷

## 非日常を味わえるスポーツ

水の中では蝶々、イルカ、潜水艦……
いろいろなものになれる

ちはついていきやすいみたいですね。私たちにとっても保育的な要素が結構大きいと思います。ウエートとしては7割から8割がそうなんじゃないでしょうか。

**父親**　小さい子の担当コーチは何人ぐらいいらっしゃるんでしょうか。

**理絵**　曜日によって変わってきますが10人はいないと思います。夏場は会員以外の人を募って短期教室のようなかたちでレッスンすることもあります。

**原**　スイミングスクールに来て、いちばん最初にすることは顔を水につけることですか。

**理絵**　いえいえ、いきなりプールには入らないんです。最初はシャワーですね。といっても家庭にあるようなシャワーではなくて、一度に何人も水を浴びられる大きなシャワーです。頭の上から落ちてくる冷たい水滴に少しずつ当たり、そこで水慣れをしてもらいます。ボールやおもちゃを使ってシャワーを浴びながら遊んでもらうんです。それが最初ですね。

**原**　シャワーを怖がる子もいますか。

**理絵**　キャーとかいう子もいますが、ほかの子が楽しそうにやっているのを見ると、あら平気なのかなと。そんなことはけっこうあります。シャワーは上から降ってきますが、目を開けていられるとわかるまで多少時間がかかるので、それぐらいで終わる場合もあります。これは集団指導の醍醐味でもあると思いますが、周りの子が楽しそうにしていると自分が抱えていた不安が減り、楽しいことのほうが大きくなって逆転するんです。それが集団指導のメリットのひとつだと思います。

## 時間を空けずに水慣れをして習慣づける

**母親**　子どもが泣いて練習から離れた場合、どうしていらっしゃいますか。

**理絵**　1時間丸々泣いているとなったら心配ですが、そのあと1週間、1ヵ月と空けてしまうと、次に来たときにもっと泣いてしまうことが多いんです。それを考えればなるべく早いうちに頑張って来ていただければと思います。例えば「次は土曜日にプールに行こうね」とか決めて、コンスタントに足を運んでもらうことでスタートラインに立てたりするので。月に4回の練習予定だったら「4回は頑張ろうね」とか、習慣づけも必要かもしれませんね。

**原**　私のところは長男がそうでした。3歳ぐらいだったと思いますが、やはりプールサイドで泣いてばかりで水に入らない。それを毎回繰り返していたので、かわいそうになってしまって……。壁を越えられませんでした。

**七呂**　こういう大きな箱（プール）に来たという時点で迫力に負けて泣いてしまう子もいますから。ただ、単にコーチとの相性が合わないから泣くという状況は困るんですが、そこをコントロールするのは難しいことでもあります。

**原**　相性ですか。

**七呂**　いちばん最初にスイミングスクールに入って指導する人と出会うということは、子どもにとっても宝くじみたいなものですから。子どもと指導者が合うかどうかはやってみないとわからないことなので、親としてコントロールできないことに腐心するよりは、そうなったあとにどうするかを考えたほうがいいかもしれません。そのほうがリカバリーできるんじゃないかと私たちは考えます。

**父親**　普段の生活の中で小さな子どもができる水慣れの方法は何かありますか。例えば夏休みなどに、流れるプールに遊びに行って水に親しむとか。

**七呂**　それはありです。ほとんど水遊びをしたことがないよりはそういう遊びを経験していたほうがいいでしょう。または公園にある噴水の水でバチャバチャ遊ぶのもありです。お風呂に入ったときのシャワーでも、自分で洗って流せたら褒めてあげるとか。お風呂でお湯に顔をつけるとか。

水に対する不安を取り除く

## 溺れない正しい立ち方

**1 ▸ 手足を伸ばし横たわって浮いた状態（浮き身）**

**2 ▸ 両膝を曲げて、ももを胸に引き寄せてから立つ**

**3 ▸ 足を地面につけてから顔を上げる**

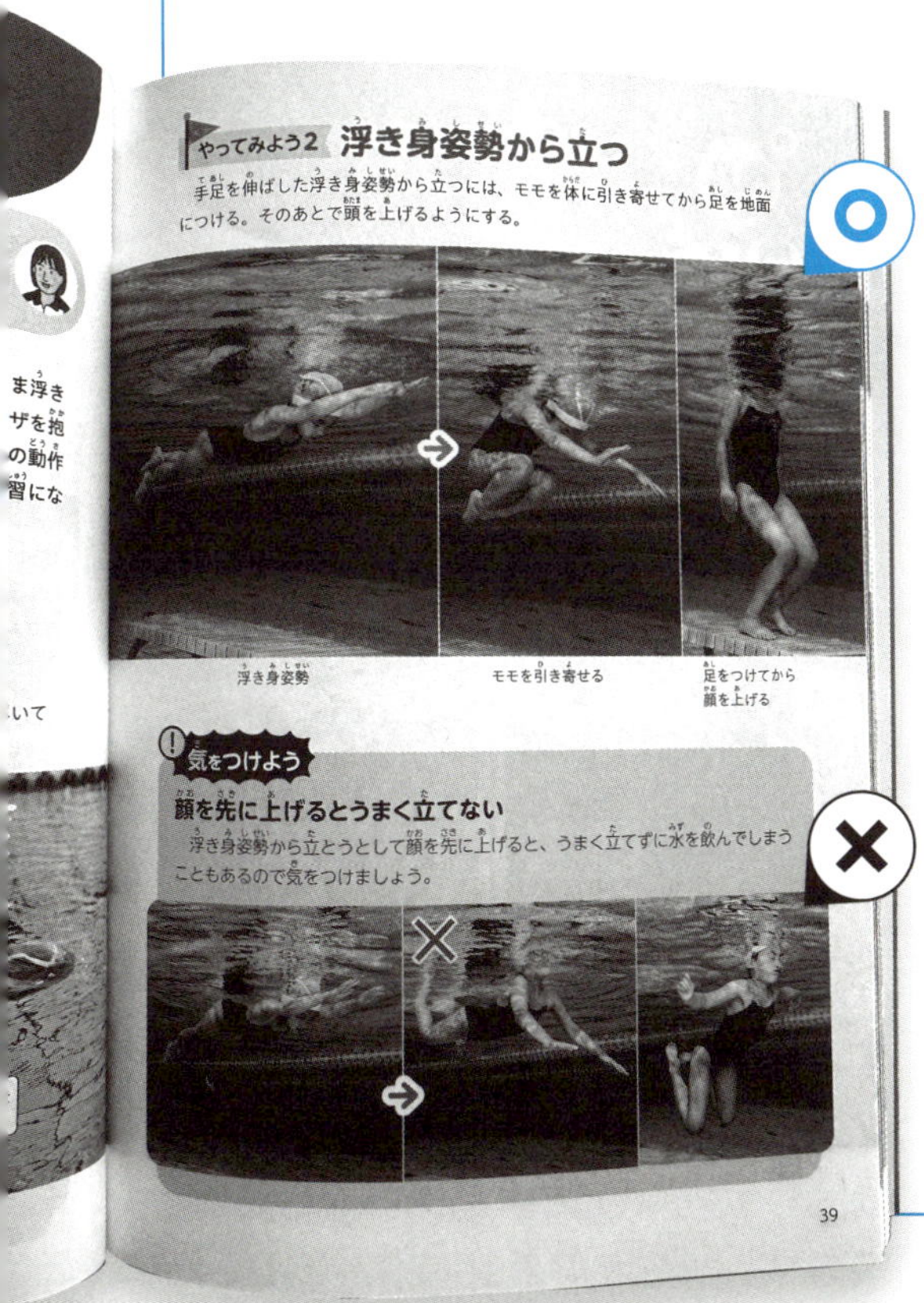

［資料］『やってみよう水泳』（七呂靖弘　七呂理絵著／ベースボール・マガジン社刊）より「浮き見姿勢から立つ」

# できなかったね、とは言わない

**原**　子どもにとっての恐怖の一つにプールの深さがあると思います。東京スイミングセンターの場合、プールの水深は何cmですか。

**七呂**　一番浅いところでも80cmあります。ですから子どもの身長が90cmになってやっと顔が出るかどうかというところです。

**原**　プールに入るようになってからは、どんな練習をするのでしょうか。

**七呂**　最初はブクブクです。シャワーで水慣れしたとはいえ、水に対する怖さが完全に取り除かれたわけではないので、まずは遊びの要素を入れます。水面に対して被せるように輪を置いてボールを下から入れるとか。この練習は少しでも潜らないとボールを入れられないので、あえてそういう状況をつくったりします。

**父親**　すぐにできるものですか?

**理絵**　うまくできる子もいますが、もちろん拒否する子もいっぱいいます。

**原**　3、4歳の子どもの生活の中に息を止めて水の中に潜るという習慣はありませんから。

**理絵**　その場合、次の段階として鼻を出して口まで水につける練習をします。これを繰り返しやって、輪の中にボールを入れる練習などに繋げていきます。できたら「できたね！」とすかさず褒めます。

**父親**　できた子を褒めるのはわかるのですが、できなかった子にはどんな言葉をかけるのでしょうか。

**理絵**　できなかったね、とは言わないです。その場合は、次はこれをやってみようか、とか違う提案をします。少しやり方を変えたりハードルを下げたりして、できることがあったら褒めます。１時間、何もやらなかった、できなかったということにならないように心がけているんです。前回よりも少しでもできることが増えたという方向にもっていくようにしています。

**七呂**　あとは遊びの要素が大きいんですが、少し慣れてきたら鬼ごっこをやることもあります。それにボール遊びでも、水に浮くタイプのものと沈むタイプのものを使い分けたりします。沈むボールを落として、「あの赤いボールを持ってきて」とか。プールの中の島みたいにフロートを浮かべて、それに乗って遊んだりすることもあります。

# 親のスマホいじりと親の指示はご遠慮を

**原**　話が前後するかもしれませんが、スイミングスクールに通ってきた子どもの体調が微妙なときもあるのではないかと思います。

**理絵**　あります。顔色が悪かったりすると練習中に吐いてしまったり。そういう場合は最初に体を触ると体温が高かったり。そういうときは保護者の方に「体調を確認したほうがいいかもしれませんね」と声をかけることもあります。

**原**　子ども、保護者、コーチの連携ですね。

**理絵**　お母さんが子どもの着替えを手伝って、「行っておいで」と送り出しても、実は子ども本人は言えないけれど体調がすぐれないというときもありますから。

**父親**　子どもの練習を見学している保護者に「こういうところを見てやってください」という部分はありますか。

**理絵**　まずスマホの話なんですが……。子どもが練習しているときに親がスマホをずっと見ているのはどうかな、と感じることがあります。子どもがせっかく目の前で頑張っているわけですから、子どもを知るという意味でしっかりと見てあげてほしいですね。

**七呂** 反対に、親からの指示が入って困ることもあります。それによって子どもは困るというか、指示系統が2つになってしまうので控えていただければと思います。先生が2人になったら子どもは混乱してしまいますので。やはり子どもは生きていく上で最優先するのは親なんです。先生が2人いたら、そのときは必ず親の言うことのほうを優先することになってしまうでしょう。それではコーチは良い指導ができません。

**原** 親、保護者としてはよかれと思って、アドバイスとして声をかけるのでしょうが、それは指導する側からすると歓迎できないことなんですね。

**七呂** はい。特に小さな子どもはお母さんを見てしまいますので。課題ができたときは特にそうです。「ママ、できたでしょう！」と親を探してしまいます。そこでお母さん、お父さんが何かアドバイスしたりすると今度はコーチの話を聞かなくなってしまいます。集中力も切れてしまいますし。

**原** いまさらですが私自身も反省しなくちゃいけませんね。ほかの競技だと子どもと親の物理的な距離（見学席）が遠いのでそういう状況は少ないと思いますが、スイミングスクールの練習環境は近い距離で見学ができますからね。

**七呂** そうなんです。確かに子どもとコーチ、保護者の距離は近いです。

**原**　進級テストなどで保護者から「なぜ合格じゃないのか」と聞かれることはありませんか。

**七呂**　あります。その場合は「あとこの部分をクリアできれば合格に近づきます」と理由を伝えます。この部分ができていないからダメという消去法で不合格にせず、子どもたちの良い部分に目を向けるよう心がけています。

**原**　子どもはもちろん、親、保護者にとっても、水泳に限らず不合格というのは残念ですからね。

**七呂**　その気持ちはわかりますよ。プールサイドから見ていてできているように感じることもあるでしょう。でも、実際には水の中で足が曲げられていないとか、そういうこともありますから。そういった意見や判断の相違はありますので質問があった場合は説明します。納得していただけるかどうかはわかりませんが、私たちも曲げてはいけないことがありますので。

## 親にできることは口出ししないこと

**母親**　親、保護者が子どものためにできることは何でしょうか。

**七呂**　これはお願いでもありますが、口を出さないことです。言いたくなる気持ちをグッと我慢していただくことですね。それがお母さん、お父さんにできることなんです。

**原**　なかなか難しい課題かもしれません。

**七呂**　私たちの子どももいま水泳を習っています。しかし家で子どもたちに水泳の技術的な指導をしたことは一度もありません。これは自信を持って言えます。ああしなさい、こうしなさい、なぜあそこであぁしたの、とか言ったことは一度もないんです。なぜなら任せているコーチがいるわけですから。ただ、練習のときにコーチが何を注意したか、何を指示したか、それをちゃんと実行できたか、そういう点は聞きます。その日の練習に１００％向き合えたかどうかを知ることができます。

**原**　コーチを職業とする七呂さんに、お子さんが質問をすることもあるのではありませんか？

**七呂**　ありますよ。家で水泳の話をまったくしないというわけではないので。話すのは頑張りの度合だけです。ただ、先ほどもお話ししたように技術的なことに関してアドバイスすることは絶対にありません。稀に子どものほうから技術的なことを聞いてくることはありますが、そういうときは「こう思うけれど担当コーチに聞いてみたら」

と答えるようにしています。

**原**　数人のコーチからアドバイスを得た上で、いいところだけ取り入れるという方法もあると思いますが。

**七呂**　そう考えそうなものですが、違うんですね（苦笑）。その情報の取捨選択は小学生の子どもではなかなかできません。比較検討しながら進むというより、課題やアドバイスを一つずつクリアしていくことが大切だと思います。

## 見ていないふりをして見る

**父親**　子どもからアドバイスを求められたときに、私たち親も七呂さんのように答えればよいのでしょうか。

**七呂**　自分の考えを言いたくなる気持ちがきっとあると思うんです。アドバイスをしたくなる。答えがわかるけれども、そこはグッと我慢して「コーチが何と言うか聞いてごらん」と、そう言ってあげてください。ただ、「こう思うけど、どうかな」などと問題提起して、子どもに考えさせることは有意義だと思います。それは悩ませるのではなく考えさせることになるので。

**父親**　う〜ん、難しいですね。

**七呂**　指導の現場にいて、すごく魅力的な才能があったけれど花咲かずに去っていった子どもたちを数多く見てきました。私たちはそのときの経験を反面教師にして、親は技術的な口出しはしないようにと決めていますし、そのようにアドバイスをしています。でも、頑張ったところは褒めてあげてください。それが親にできることです。子どもは褒められることが続けていくモチベーションになっていきます。

**原**　これはレースに出てタイム計測するようになってからのことになると思いますが、親が「Aちゃんに負けちゃったね、どうして負けちゃったんだろう」と叱咤とまではいかなくても指摘することはNGですか。

**七呂**　言い方次第でしょうね。子どもは他者との比較評価を好まない気がします。ただ、それを子どものほうから言い出したときは逆にチャンスかもしれません。子どもが意識している子がいるのだったら、時々はこちらから少し刺激してみるとか。ただ、子どもが言い出してこないのに、こちらから言い始めるのは順番としてよくないかもしれません。

**母親**　そうなんですね。

**七呂**　子どもとの距離感はそれぞれの親子関係で変わってくると思いますが、近すぎても遠すぎても――これは子どもが中学生ぐらいになるとありがちなんですが、親が練習をまったく見に来なくなるとか――それもどうなのかなと思います。

**原**　中学生ぐらいになると子どものほうから「見に来ないで」と言うケースもあると思います。

**七呂**　そうなんです。小学生のときは毎回のように見に来ていたのに、中学生になった途端に見に来なくなった親御さんもいて、それはちょっと寂しいなと感じます。隠れて少しでも見にくればいいのにと思ってしまいます（笑）。というのは、例えば何かの大会でいいタイムを出したときに、「あのとき、あの練習を頑張っていたからだね」と言ってあげられるじゃないですか。そうすると子どもにしても、見ていてくれたんだ、となり、それが動機づけになってもっと頑張ってみようかという成長に繋がる可能性はあります。子どもが大きくなるにつれて離れすぎてしまう親がいますが、見ないのではなく、見ていないふりをして見ているということが重要なんじゃないかと思います。経過は知っておいてほしいんです。

**原**　それって水泳に限定した話ではないですね。

**七呂**　そうなんです。親ができることって子どもの成長時期によって変わってくると思うんです。例えば小学生の低学年のうちは、子どもはどんな反応をしたとしても親についていきます。私自身がそうでしたが、どんなに泣いたとしても親の言うことを聞かなくちゃいけなかったし、実際、プールサイドまで連れて行かれましたから（笑）。私たちコーチは親御さんにそこまでしてもらえれば、あとは私たちが何とかしますと言いたいです。

**父親**　それはありがたいし、頼もしい言葉ですね。

**七呂**　子どもにとって水は冷たくて怖いという壁があったとしても、どこかで超えさせたほうがいいと親が感じているなら、親はプールサイドまで連れて行くだけでいいんです。そういう介入の仕方もあります。

## 才能のある子にはナチュラルな指導を

**原**　小さい子どもの練習を見ていて、その才能に気づくことはありませんか。

**七呂**　あります。走るのが速い子がいるのと同じように、やはり違うな、レベルが一段階上だなと感じる子はいます。

**原**　そんな子がいた場合、早い段階から英才教育をしていくのでしょうか。

**七呂**　いや、逆なんです。才能のありそうな子ほど私たちはなるべく何も教えないようにしています。ナチュラルというか、そのまま進んでいってもらえるような指導を心がけています。

**原**　意外ですね。

**七呂**　なるべくそのコーチ個人の指導に傾かないようにしています。というのも、例えば僕の教え方が10年後、20年後に100％正しいかどうかとなるとわからないじゃないですか。

**原**　そう言われればそうかもしれません。

**七呂**　ほんとうにいいものを持っている子だったらできるだけ教えないで、そのまま成長していってもらえるように関わります。早い段階では余計なことはしないようにして、次の段階の指導者に任せるようにします。さらにその指導者も自分の役割を果たすだけにして、その先の指導者に送っていくことになります。選手育成は全体の組織としてやっていくというのが私たちの考えです。

**原**　「この子は才能あるな」というケースは結構あるものですか。

**七呂**　教えなくても体を浮かせることができる子はよくいますが、才能を感じる子となると100人に1人ぐらいでしょうか。

水泳の魅力❸

## 習熟度がわかりやすい

☑ 段階的指導ができるため、**達成感を得やすい**

☑ 技術習得の次は**タイムや距離への挑戦**となる

☑ 幼児も金メダリストも**やっていることはみな同じ**（レベルが違うだけ）

☑ 年齢を問わず、**誰もが楽しめる**全身運動

## 水泳は指導者も達成感を感じることが多いスポーツ

**原**　水泳の場合、上級者になるとはっきりとタイムで成長がわかるのでコーチも手応えを感じやすいと思うのですが、初心者の指導となるとどんな点が楽しみになるのでしょうか。

**理絵**　何かひとつでもできるようになると、「よし、この子成長したな」とすごく実感があります。例えば水に顔をつけられなかったのにつけられるようになったとか、さらに10秒つけられるようになったとか。ほんとうに一つひとつの段階を上がれたとき、一つの課題ができたときはこちらもうれしくなります。だから、すごくやりがいを感じています。

**七呂**　水泳の場合、始めてからの壁が果てしなくいっぱいあるので、できたって思える瞬間がたくさんあるんですよ。僕は水泳のほかに学生時代に野球をやっていたんですが、野球の動作とすれば捕る、投げる、打つ、走るぐらいじゃないですか。飛んできた球をバットで打ちました。１００ｍ飛ぶようになりました——これって相手がどういう球を投げたかによる不確定要素が非常に大きいですよね。水泳の場合は自分の体ひとつで行うスポーツで、基本的に誰にも邪魔されない。これは試合（レース）のときもそうです。自分がやったことに対する達成感を感じることがすごく多いスポーツだと思います。

**原**　確かに野球やサッカーなどと比べて、水泳の場合は不確定要素が少ないと思います。

**七呂**　そうなんです。だから、できたっていうことが教えている側もわかるし、やっている側はもっとわかるわけです。これは親御さん、保護者の方々に伝えたいんですが、水泳は自己肯定感というか、子どもにすごく自信を与えるスポーツなんです。

**原**　できる、できないは自己責任でもありますね。

**七呂**　水泳の場合、一度覚えた泳法は忘れません。例えば１００ｍを走るとして11秒ぐらいで走ったとします。それを年齢を重ねたあとも続けられるかというと難しいですね。ところが水泳の場合は、仮に10年、20年やっていなかったとしてタイムは落ちても泳法は忘れていませんから、必ず泳げます。それぐらい一度身につけたら絶対に忘れないものなんです。いろんな意味で水泳はおすすめです。

**原**　私も子どものときに泳いだだけで、大人になってから20年ぶりぐらいにプールに入っても泳げました。すぐに疲れましたが（笑）。

水泳の魅力❹

# 健康につながる全身運動

- 有酸素運動・無酸素運動の両方の要素がある
- 浮力と抵抗（抵抗は速さの二乗）がある
- 上下、左右の全方向に抵抗を受ける
- 水の冷たさが自律神経を刺激し、免疫力を高める
- 呼吸制限によって心肺機能の改善につながる
- 体を伸ばす運動によって姿勢改善につながる

**七呂**　水泳はメリットの多いスポーツなので（水泳の魅力参照）、たくさんの方に興味を持っていただきたいです。

## 水泳は健康で豊かに過ごすための手段

**原**　いまも七呂さんは泳ぐことがありますか。

**七呂**　はい、ありますよ。大会に出るとかそういう現場からは離れていますが、水に入ると体のメンテナンスというか体と心のバランスというか、ひんやりして気持ちがいいです。サウナで水風呂に入るのと似たところがあって、自律神経がすごく刺激されます。水に浮いて誰からも邪魔されない、音もない状態で自分だけの時間を過ごすことができるなんて、ほかでは味わえない感覚です。有酸素運動というところもそうですし、体の柔軟性であったり、そういう健康面のメリットもとても大きいので一生続けていきたいと思っています。実際に、続けている途中なんですが。

**原**　水泳をやっている人って、ちょっと大袈裟かもしれないいんですが、人生においてすごくいいものを手に入れたと思うんです。私にはそう見えます。

**七呂**　そのとおりだと思います。速く泳げるかどうかは別として50年とか70年先を含む生涯を見て、水泳は一生続けられるもの、健康で豊かに過ごすための手段になるものだと思うんです。だからこそ小さいうちから少しでも水に慣れて、好きになってほしいと思います。

水を知る

## 水の特性

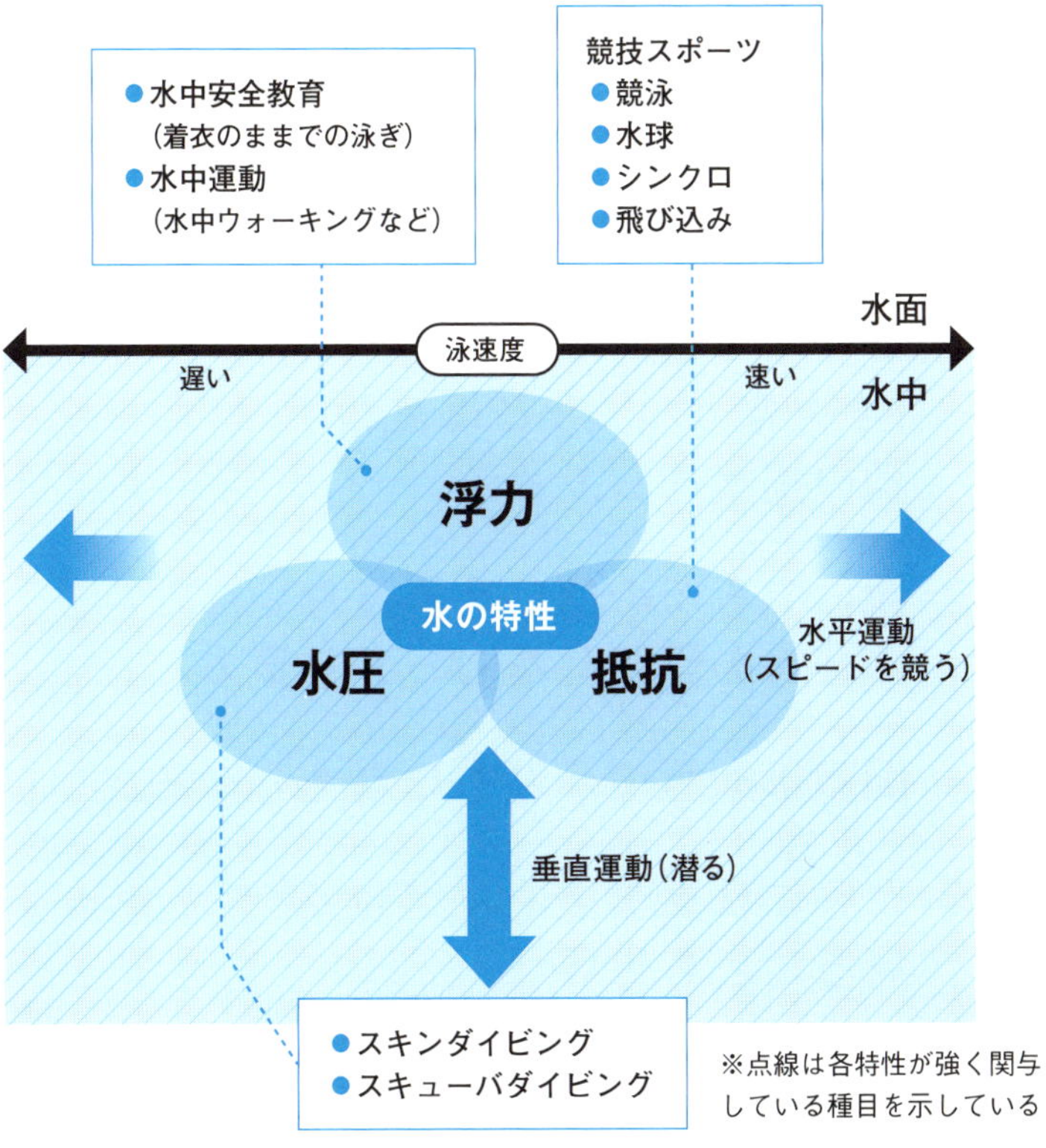


**水泳系の学習の特徴は、「水の中で運動する」との点で、**
**陸上における各種の運動と違う点を理解することが重要**

［資料］学校体育実技指導資料第4集「水泳指導の手引（三訂版）」：
第1章理論編 第１節「水泳系および水泳」領域のねらいと内容より

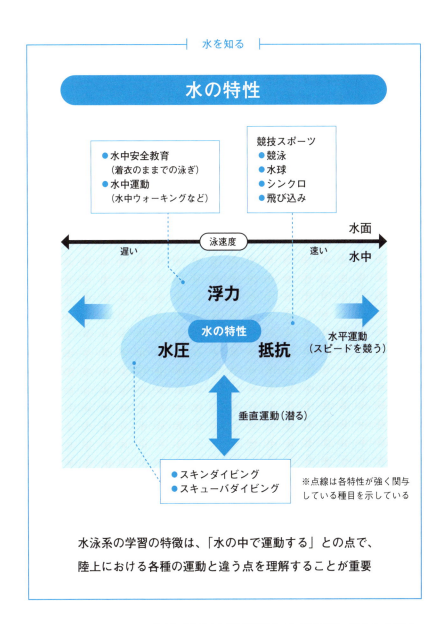

## 第1章の習慣（まとめ）

8 水に対する楽しさと怖さ、どちらが先に出るかで変わる

9 最初は遊び感覚で十分

10 コンスタントに通う習慣をつけることでスタートラインに立てる

11 できたら褒める、「できなかった」とは言わず別の提案をしてみる

12 親にできるのは口を出さないこと。子どもの頑張りをしっかり見る

13 問題提起して子どもに考えさせる

14 ときには見ないふりをして見ることも重要

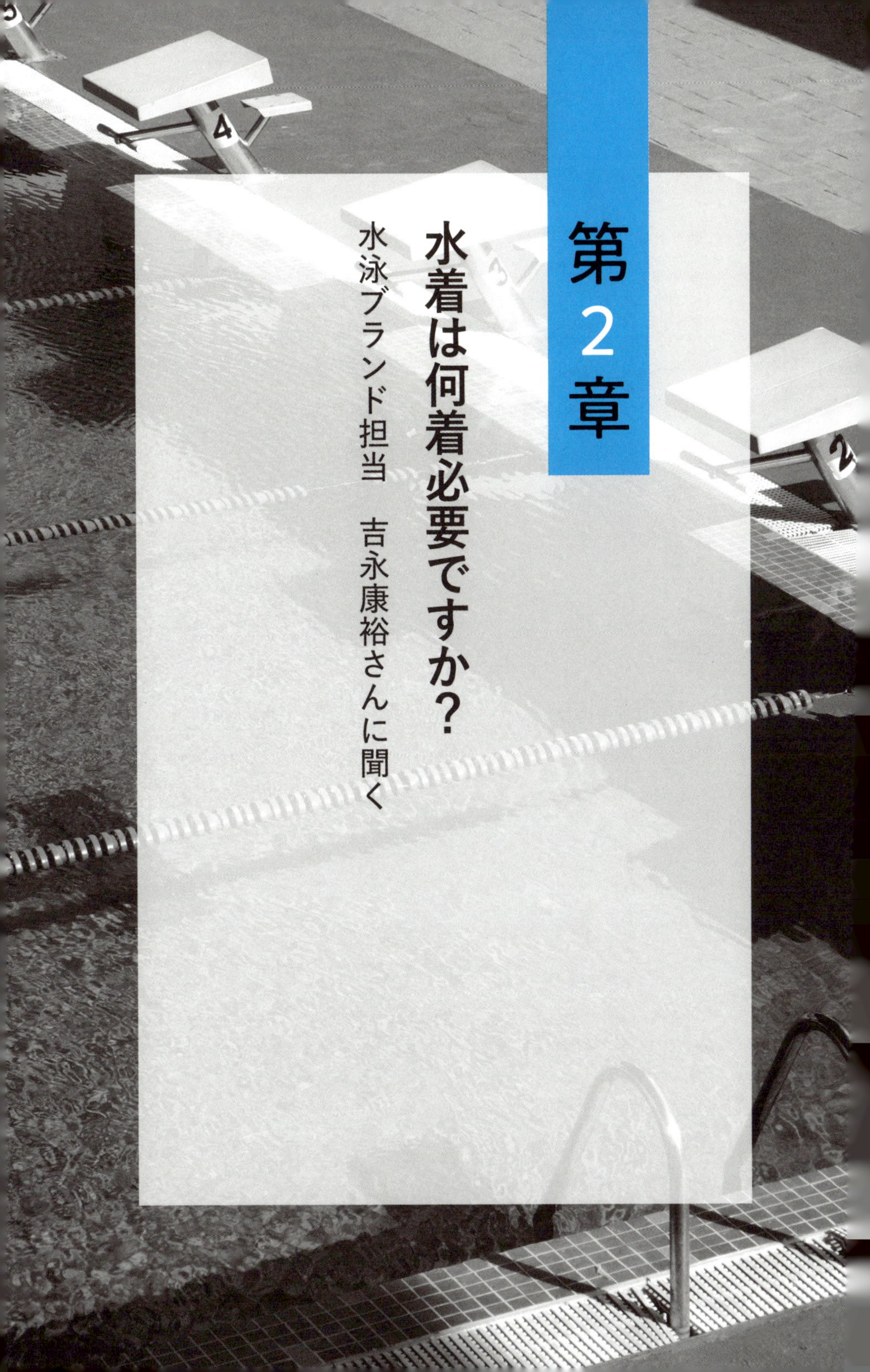

# 第2章

## 水着は何着必要ですか？

水泳ブランド担当　吉永康裕さんに聞く

いまも「水泳は水着とタオルがあればできるもの」と思っている人は少なくないのではないだろうか。事実、私自身が子どものころはビニール袋に海パン（水着）とタオルを入れて友だちと学校のプールや市民プールに行っていたものだ。そのころ専用のキャップやゴーグルが存在していたのかは記憶にない。スイミングクラブも水泳教室もなければコーチもいない――多くの人が年上のお兄さん、お姉さんを見て自己流で泳いでいた時代だ。

それから半世紀以上が経ち、水着をはじめカラフルな用具が数多く出回る時代になった。子どもたちは用具を選ぶことも楽しみのひとつになっているらしい。一方で競技としての水泳は0・01秒を争う場面が増えた。水着、キャップ、ゴーグルといった必需用具の開発、普及の成果といえるのかもしれないが、その分、メーカーの競争もし烈だと聞いている。

この項では、そうした用具を開発、製造、販売している業界トップメーカーでもあるARENAブランドのデサントジャパン株式会社アリーナマーケティング部部長、吉永康裕さんに現代の用具事情について話を伺った。

# 水圧で体が縮むため水着はやや小さめを

**原**　水泳というと私が子どものときは水着とタオルがあればＯＫというスポーツという認識だったのですが、実はいろんな用具があるんですね。

**吉永**　たしかに入り口としては比較的気軽にできるスポーツの部類に入ると思います。以前、私も泳いでいたんですが、私の親も最初は用具のことまで意識していなかったはずです。

**原**　スイミングクラブに入会しました、という段階で、これは絶対に用意してくださいという用具というと何でしょうか。

**吉永**　まずは水着（一着あればよいです）、これは絶対に必要です。スイミングクラブによっては指定の水着やスイミングキャップがありますので、入会の際に確認していただくのがいいでしょう。先に自己判断で水着を購入してしまって、いざ入会となったら指定水着があったというのでは困りますからね。あとはゴーグルとタオルですね。それに用具を入れるバッグでしょうか。このあたりは必需品といえますね。

**原**　幼児や小学生の低学年の子などは、練習が終わったあとで布製かタオル地でで

## 水泳の持ちもの

# 水着

SWIM WEAR

- 子どもの体の成長に合わせる
- 男女ともピタッとしたもの
- 女性は半サイズ小さいものを選ぶ
- 男性はウエストの紐をしっかり締める
- スイミングクラブによっては指定水着がある
- 練習用水着はインナーや胸パッドの使用可（ただしレースでは使用不可）

○

**水着と体の間に**
**水が入ってこない**

×

**緩めかピッタリしたものは**
**水に入るとさらに緩くなる**

## スイミングキャップ

SWIMMING CAP

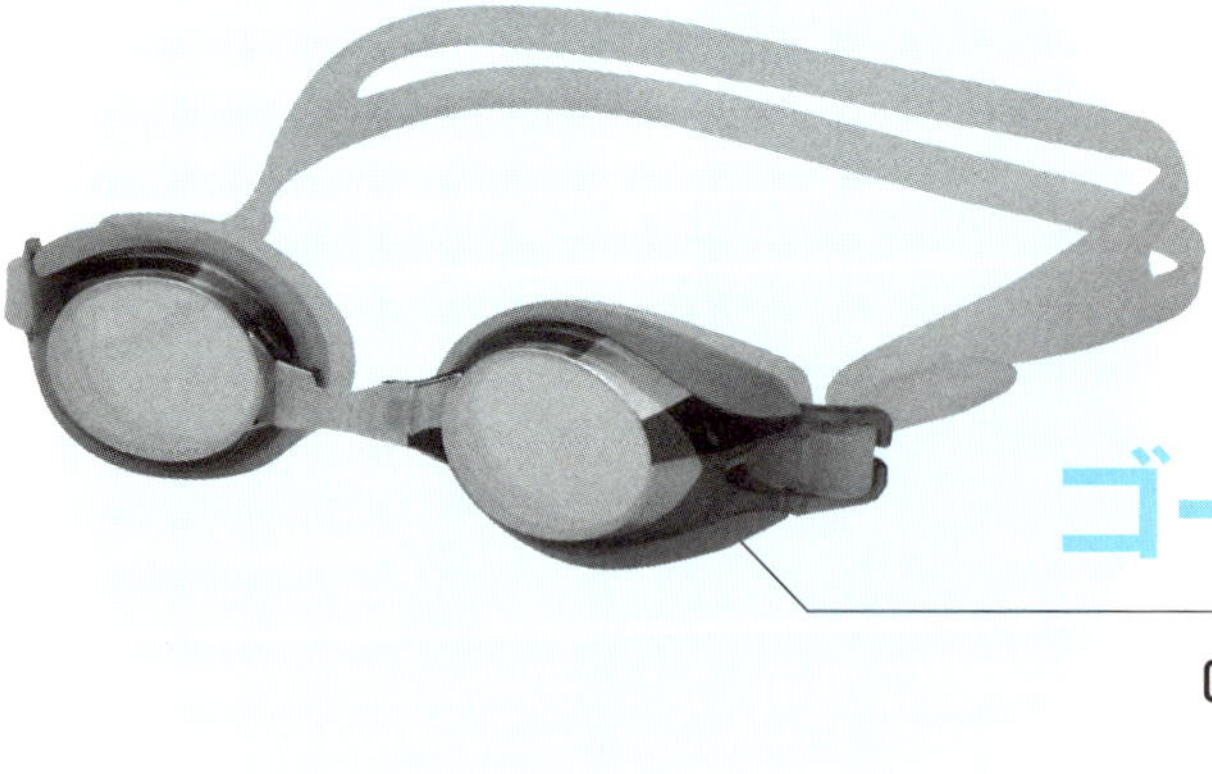

## ゴーグル

GOGGLES

## プルーフバッグ

PROOF BAG

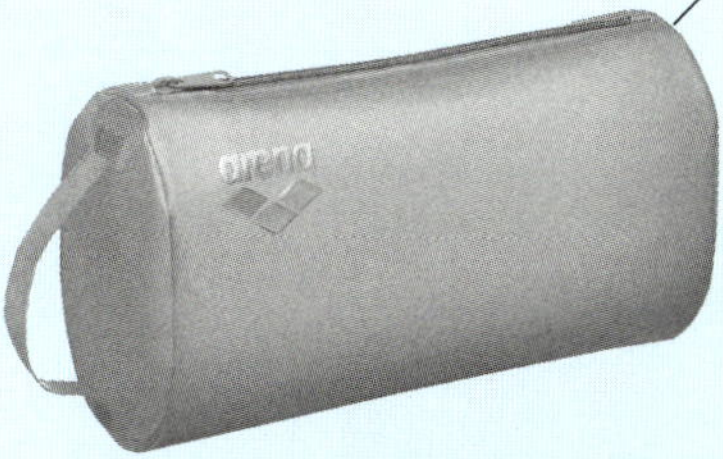


濡れたものを入れる

## タオルまたは セームタオル（Mサイズ）

TOWEL

# メッシュバッグ

MESH BAG

持ちものが
多くなったとき

# その他

OTHERS

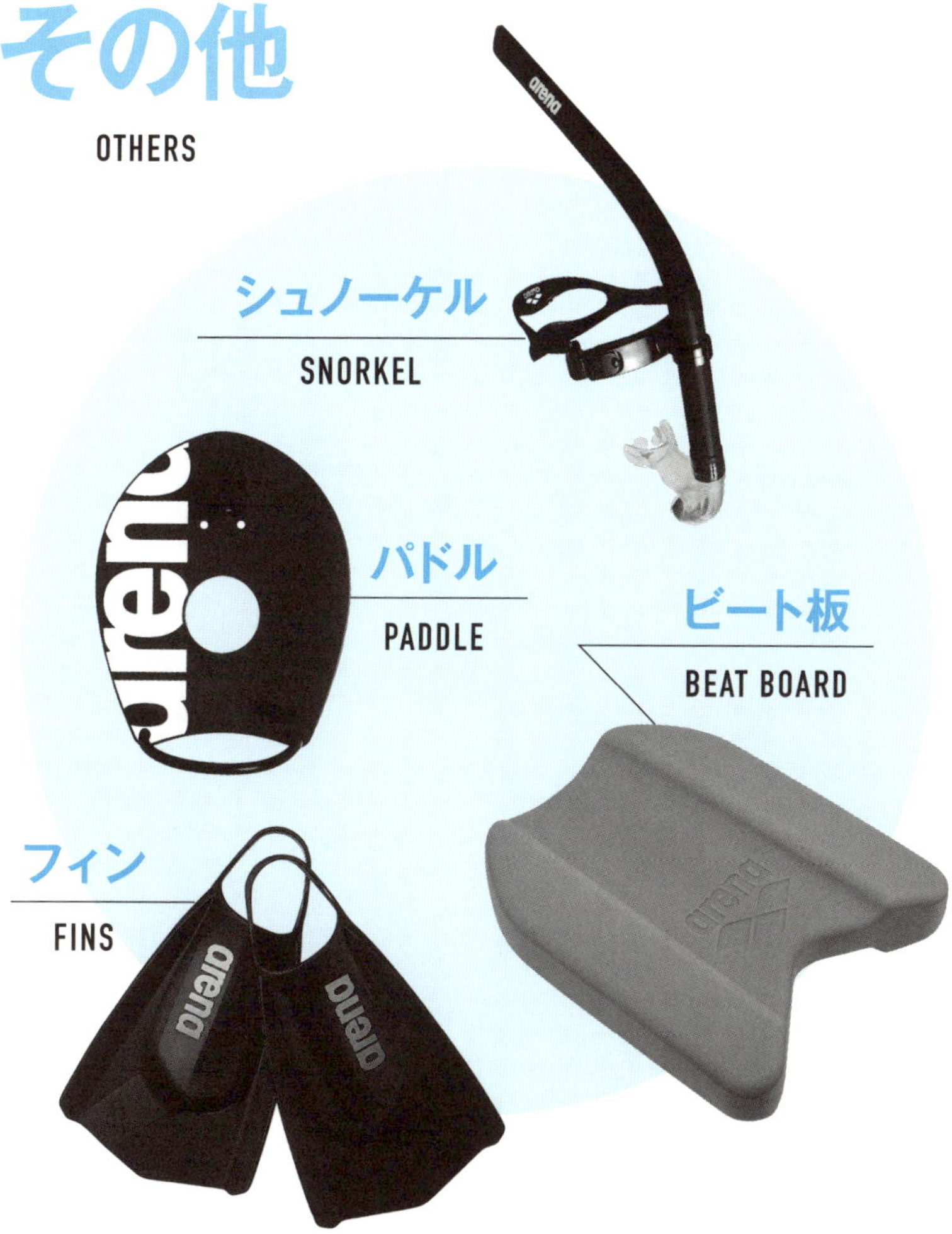

きた三角帽子のようなものを被っていますが、あれも必需品ですか。

**吉永**　髪の毛の長い女の子の場合は濡れたままだと風邪をひく原因になりかねませんので、特に冬場はあったほうがいいかもしれません。スポーツタオルを頭に巻いてもいいんですけどね。

**原**　いろんな必需用具がある中で、やはり真っ先にお聞きしたいのは水着のことになります。洋服では身長や体重、体型に合わせて自分に合ったサイズを見つけて着ることになりますが、水着に関してはワンサイズ小さいものがフィットしていいという話を聞いたことがあります。

**吉永**　私たちはワンサイズ下とまではいかないんですが、ある程度はピタッとしたものをおすすめしています。例えば室内で水着を着てみてピッタリしていると感じても、水の中に入ると水圧で体がほんの少しですが縮まるんです。だから室内で着て緩めの水着やピッタリの水着だと、水の中ではさらに緩めになってしまいます。それだと水着と体の間に水が入ってきてしまうため、泳ぐと大きな抵抗が生じてしまい泳ぎにくくなってしまいます。なので室内で試着する場合は半サイズぐらい小さいものがいいと思います。成長するからと大きめを購入することは避けてください。

**原**　水着は試着もできるんですか？

吉永　アリーナのショップに来ていただければ試着できますので、いくつかのサイズを試してみてフィットしたものを購入することをおすすめします。特にレースに出るレベルの選手は自分に合った水着を着て泳ぐことは大事ですからね。タイムに直結するものでもありますから。

## 〈ポリウレタンvs塩素〉水面下の戦い

原　半サイズぐらい小さいものということですが、ワンサイズ小さいものではよくないのでしょうか。

吉永　小さい水着を着ると筋肉を締めつけすぎることになります。ギューっとしたフィット感はあるかもしれませんが、締めつけすぎがベストパフォーマンスに繋がるかというと違うと思います。もうひとつの理由は、ワンサイズ小さいものを着ると、着ることはできても生地が大きく伸ばされることになりますよね。プールの中には消毒する薬剤として塩素が入っていますが、これが水着の生地で使われているポリウレタン繊維にとっては相性が悪い相手なんです。つまりポリウレタン繊維は塩素に弱い素材です。例えば女性の水着であれば、胸の部分であったりお尻の部分であったり、そういう伸ばされやすい部分は水が通りやすくなるので、ポリウレタン繊維がダメージを受け、切れて生地が薄くなり、場合によっては透けてくるリスクが高まるんです。生地が大きく伸ばされるとポリウレタン繊維へのダメージが大きくなるので、私たちは明らかに小さいサイズの水着はおすすめしてはいないんです。

**原**　〈ポリウレタンvs塩素〉という文字通り水面下の戦いがあるんですね。

**吉永**　そうなんです。この組み合わせはどうしてもポリウレタン繊維にとって分が悪いという事情があります。

**原**　女性の水着は生地部分が膝上から胸までありますが、試着時や実際に水の中に入ったときを踏まえると、どの点をチェックすればいいのでしょうか。

**吉永**　ひとつは首周りと胸の部分です。特にプールに入ったときに首周りに隙間ができると、その隙間から水が入ってきてしまいます。コンマ何秒というタイムを競うレースではそれによるロスタイムは致命的ですからね。もうひとつのチェック部分は背中の丸く空いたところです。お尻の上になります。やはりここも隙間が空いていると水が入ってきて抵抗が生じます。

**原**　男性用の水着はどこがチェックポイントになりますか。

**吉永**　女性と同様、背中の腰の部分です。やはりここがピッタリしていないと水が入ってしまいますから。どうしても背骨の部分は窪んでいますので、しっかりフィットするものを着用したいですね。

**原**　けっこう繊細なんですね。

**吉永**　そうなんですやはり0・01秒が勝負を分けることもある競技ですからね。とにかく排除できる抵抗は除いておきたいものです。

**原**　基本的なことをお聞きしたいんですが、購入したばかりの新しい水着には撥水加工が施されているわけですよね。となると、初めて着用したときがもっとも撥水効率が良いということになりますか。

**吉永**　そうなんです。水着には撥水加工を施しますが、それは永久的なものではなく徐々に撥水性は落ちていきます。

**原**　私の孫が大事な大会のときに新品のレース用水着を着て泳いだんですが、自宅で着たときはフィットしていたそうなんです。でも、いざプールに入ったら胸部分から水が入ってきて気になってしまったと話していたんです。

**吉永**　新品の水着での一発勝負は少々危険かもしれませんね。これは私個人の考えになりますが、まずは1回は慣らしで着て泳ぐと良いと思います。撥水性がどうこうよりもトータルで考えると2回目、3回目のほうが体に馴染んで動きやすくなるんじゃないですかね。あとは、レースのときに端のレーンのところに水の入ったバケツが置いてあるんですが、あの水をセームタオルにふくませて、女子ならば首元と腰、男子であればスパッツの腰部分から体と水着の間に水を入れて水着の裾から出すことで、水着が体に密着してフィット感が高まり、空気や水が入りにくくなるのでおすすめします。

**原**　日常の生活の中でも、いつもと同じサイズの新品のシャツやジャケットを着た際に違和感があることがあります。水着でもサイズが同じなのに実際に新しいものを着てみたらフィット感が異なることもありますよね。

**吉永**　同じデザイン、同じサイズのものを着ても着心地が変わることはあります。何度か着用したものは体に馴染むというレベルで生地が伸びている可能性があるので、新品とは若干着心地が変わります。それに子どもは数ヵ月の間に体が成長している場合もありますので試着をおすすめします。

## 水着の規定変更の歴史

**原**　先ほど0・01秒を争うという話が出てきましたが、以前、いわゆる「高速水着」

が話題になったことがありました。それらを着用して驚異的な世界記録が連発されたという時代がありました。

**吉永**　２００８年の北京オリンピックのころですから、ちょうど私が水着の企画・開発に携わるタイミングでした。

**原**　あれは禁止になったんでしたよね。

**吉永**　あの当時、布帛《ふはく》素材にパネルを貼り付けた水着や浮力のあるラバー素材の水着などがありました。男子でも水着が足首まであるロングスパッツもありましたね。たしかに驚異的な世界記録が次から次に生まれましたが、一方で「水泳の本質とは違うのではないか」という意見も多く出たわけです。それを機に水着に関するルールが厳格化されたという経緯があります。

**原**　いまは公認大会に出場する際は承認マークの入っている水着の着用が義務化されていますよね。

**吉永**　はい。公認大会では承認マークが義務化されています。現代の水泳競技の基本としては「道具で争うものではなく選手個人の能力で争うものでなければならない」という考えがあるんです。「高速水着」の時代のあと2010年から当時のＦＩＮＡ（国際水泳連盟）が承認している水着以外の着用が認められなくなりました。男子は臍の下から膝まで、女子は肩から膝までとなり、男女とも足首まで生地が覆う水着は禁止されました。もっと付け加えれば重ね着もNG、テーピングも禁止です。水着の素材に関しても厚さ0・8㎜と定められ、水を通さないようにステッチの数まで規定されています。のちにFINAはWA（WORLD AQUATICS＝世界水泳連盟）と名称が変わりましたが、水着の規定は引き続き厳密です。

**原**　世界でWAの承認を得ているスイム用品メーカーは何社ぐらいあるのでしょうか。

**吉永**　そうですね、アリーナを含めて世界に100社以上はあります。

**原**　商品開発という点から見ると水着は制限が多いわけですね。

**吉永**　はい。例えば競技によっては選手オリジナルのシューズや用具があったりしますが、水着は選手オリジナルが認められていないため、一般の選手と同じ水着を着用することになります。また、速さだけでなく耐久性も求められます。1回とか2回の着用で水着が使えなくなるのは困りますからね。

**原**　新商品の開発と販売ということを考えた場合、メーカーさんとしたら難しい部分ですね。

**吉永**　それだけではないんです。企画だけでなく発売スケジュールにもルールがあり、少し前まで「新しい商品に関しては１月１日からの発売」という当時のルールがあったんです。オリンピックや世界水泳など大きな大会は夏に開催されることが多く、それに合わせて半年以上の販売期間を設けるというルールをつくることで、商品をどの国の選手も手に入れることができるようにという意味があります。世界中の選手が同じ条件で競えるようにしたわけです。いまは少しルールが変わり解禁日も変更になりましたが、それでも大きな大会の前に誰でもが新商品を手に入れることができるという思想は変わっていません。

## 胸の膨らみは潰すのではなく横に逃がす

**吉永**　先ほどポリウレタン繊維の話をしましたが、練習用水着としてはポリエステル100％素材のものをおすすめします。

**原**　ポリウレタンとポリエステルではどんな違いがあるのでしょうか。

**吉永**　ポリウレタンは伸縮性に優れている素材なんです。ポリエステルは耐久性に優れているという特徴があります。また、ポリウレタン繊維では天敵であった塩素にも強いのです。つまり、ポリエステル素材の水着のほうがポリウレタン繊維が入ってい

## レース用（競泳用）水着

公式大会に出場する場合、
生地の厚さ・通気・浮力などの
厳しい基準をクリアした
「**国際水泳連盟承認マーク付き**」の
競泳水着を着用する必要がある

WORLD AQUATICS
APPROVED

※FINA承認マークでも公式大会OK

## 布帛《ふはく》素材を使用した水着

- フィット感が高い→筋肉のブレを抑え、抵抗を低減
- 薄くて軽い→泳ぎやすい、抵抗を低減
- 着用に時間がかかる
- 主にトップ選手や学生が着用している

## ニット素材を使用した水着

- 伸縮性があり、身体にフィット→泳ぎ（動き）やすい
- 布帛と比較すると着脱しやすい
- 主に学生やマスターズ選手が着用している
- レース初級スイマーにおすすめ

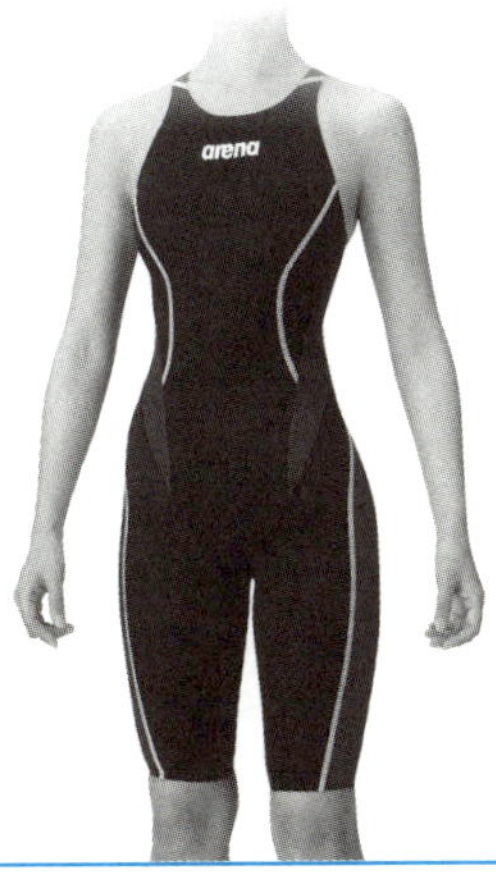


ニット素材の水着

るものよりも長持ちするのです。上級者になってくると場合によっては朝練習があって、さらに夜の練習もありますので、どうしても水着の使用頻度が高くなります。そんな需要に応えるのがポリエステル100％素材の水着というわけです。ただしポリエステルは長持ちするというメリットがある一方、ポリウレタンが使われていないため伸縮性では劣ります。

**原**　すべてを満たす万能な素材、水着はないのでしょうか。

**吉永**　各社、伸縮性があって長持ちという水着を研究中です。

**原**　レース用の水着では何か特徴などはないのでしょうか。

**吉永**　レース用では、最近は布帛《ふはく》という織物の素材を使用した水着があります。いまこれがトップ選手の間では主流になっています。生地が薄いので水に入ったときに抵抗が少ないというメリットがある上、コンプレッション（圧迫）が強いので体を動かしたときの筋肉のブレを抑制してくれる効果があるんです。もうひとつ、ニットと呼ばれる編み物素材もあります。こちらは伸縮性のある素材で、フィット感があって泳ぎやすい、動きやすいという特性があります。大半の水着はニット素材を使用することが多いです。

**原**　先ほど「コンプレッションが強いので体を動かしたときの筋肉のブレを抑制す

る」という話が出てきましたが、泳いでいるときに抵抗が生じるほど筋肉はブレるものなのでしょうか。

**吉永**　例えばスパッツ型ではない、生地の部分が少ないブリーフ型の水着で泳いでいると太腿部あたりの筋肉がブルブルと揺れるんです。わずかなんですが、それがタイムに影響を及ぼすわけです。膝の近くまであるスパッツ型の水着だと筋肉の揺れが少なく抑えられます。露出が多いか少ないかを気にしたり、または好みの問題もあるので一概には言えないのですが、そういう理由から練習のときは女性はワンピース型、男性はブリーフ型／ボックス型、レースのときは女性はワンピーススパッツ型、男性はスパッツ型を着用するケースが多いです。

**原**　男性の水着は下半身だけですが、女性の場合は上半身も生地で覆うので、より水着選びが重要になってくるということでしょうか。

**吉永**　女性の場合は上半身まで生地で覆うために、肩の締めつけや胸の凹凸をケアするテーマが出てきます。

**原**　小さいサイズの水着を着る理由のひとつには胸の膨らみを潰す効果があるからと聞いたことがあります。

**吉永**　以前はそうだったんですが、いまは違うんです。潰すと苦しくなってパフォー

# 水着の形

## 男性

- ブリーフ型
- ボックス型
- スパッツ型

（ショートレッグ、ハーフレッグ）

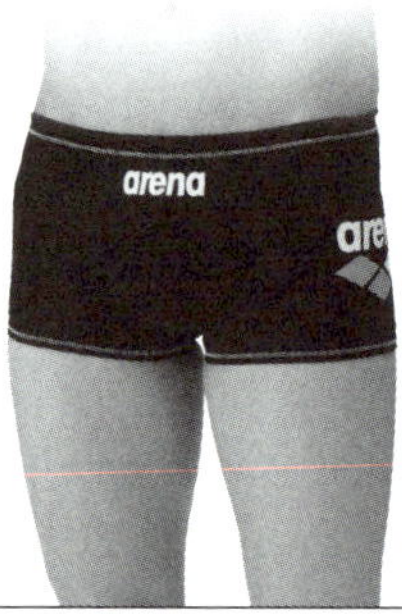


## 女性

- ワンピース型
- ワンピーススパッツ型

（ハーフレッグ／ミドルレッグ）

## フィットネス水着

セパレーツ

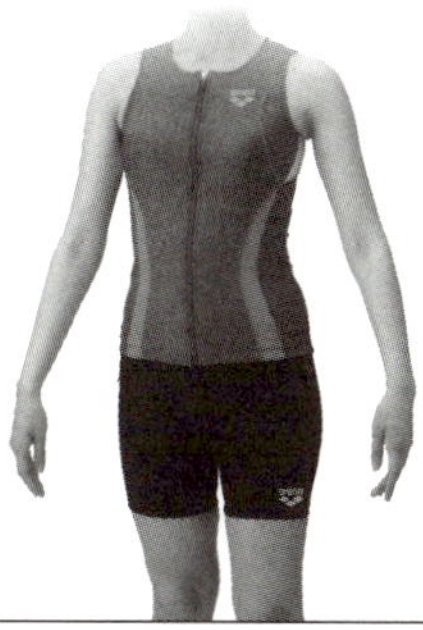

セパレーツ
（ファスナー付き）

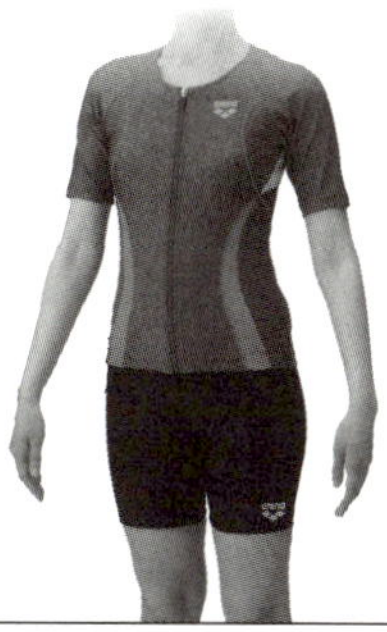

袖付きセパレーツ
（ファスナー付き）

ワンピース

ワンピース
スパッツ

マンスに影響が出るということで、胸の凹凸を減少させるために潰すのではなく横に逃がすんです。そうすることによって胸部分の水の抵抗を少なくするわけです。さらに補足すると、胸部分は透けないように生地を二重にした水着があります。その二重の裏側の素材も先ほど出てきた布帛とニットを使い分けることで、潰すのではなく横に逃がしています。やはり競技としての水泳の場合は、どうやって水の抵抗を少なく抑えて泳ぐかということを追求するわけですから、私たちも常に新しいことに挑戦していく必要があります。

**原**　日進月歩の世界ですね。極めてシンプルな疑問なんですが、男性用水着の場合、緩いと脱げそうになることもあるのでしょうか。

**吉永**　基本、ウエストに紐が入っているので、それをしっかり締めれば問題ありません。もちろんピタッとしたサイズを着用することが前提になりますが。

**原**　なるほど。この先も素材を含め水着の研究開発は続いていくんでしょうね。

**吉永**　選手といっしょに、常にチャレンジが必要です。ゴールはないかもしれません。

**原**　ちなみにインナーはどのようになっていますか。

**吉永**　練習用水着では、女性の場合、インナーショーツや胸部にパッドを着用していても問題ありません。でもレースでは禁止となります。仮にレースでインナーショーツを着用したり、パッドが入っていたことが判明した場合は、失格になりますので要注意です。

## 水着は水洗いして陰干しが基本

**原**　水着の値段についても伺いたいのですが、練習用にしろレース用にしろ、決して安価なものではないですよね。

**吉永**　先ほどもお話ししたようにスイミングクラブに行って泳ぎ始める場合、スイミングクラブ指定の水着があることが多いので、それを購入することになると思います。指定がなければ自分の好きな色やタイプを選べばいいでしょう。スクール水着の値段ですが、これは上を見たらきりがないんですが、通常女性用で3000〜5000円台、男性用で1500〜2500円台といったところでしょうか。さらに、上達して選手コースなどに入ったときは、先ほどお話ししたポリエステル100％素材の水着をおすすめします。カラフルなデザインも多くありますので選ぶ楽しさもあります。

**原**　レース用の水着はもっと値段が上がりますよね。

**吉永**　そうですね。これもオリンピックに出場するトップ選手が着るものなど上を見

# 水着の取り扱い

## 手入れが肝心

**子どもも自分のものは自分で管理する習慣を身につける**

- 水着は泳ぎ終わったあとはなるべく早く塩素を洗い流して絞る
- 家に帰ってから少量の洗剤で洗って絞り、陰干しする

✕

**乾燥機に入れる**

ポリウレタンが入っているものは、生地が傷んだり縮む

✕

**脱いでビニール袋に入れたまま**

水着は塩素に弱く、水着寿命が縮む

水着に限らず、キャップやゴーグルも塩素を洗い流す

たらきりがないんですが、小中学生がレースのときに着るものだと女性用で９０００円ぐらいからあります。

**原**　着る頻度や手入れの問題もあると思いますが、大まかな水着の寿命はどのくらいなのでしょうか。

**吉永**　これは私たちも明確な基準は立てられていないんです。例えば先ほど話に出てきたように、小さめのサイズを着ている場合は生地が伸ばされた状態が続きますので、水着の寿命は若干短めになると思います。胸やお尻の部分の生地が薄くなってきますから、そうなったら替え時だと思ってください。

**原**　小学生から中学生という成長期の子どもだと、すぐにサイズアップしていきますよね。

**吉永**　そうなんです。成長期の子どもは1年に数cm伸びます。比例して体重も増えますから、やはり着ていて動きにくい、窮屈に感じるとなったら替え時といえるかもしれません。ちょっともったいないとも思いますが、普段着ている服と同じように、明らかにサイズが変わってきたら買い替えるタイミングといえそうです。

**原**　水着の寿命は手入れの良し悪しによっても変わってきますか。

**吉永**　実をいうとその部分が一番大きいかもしれません。というのもプールの水には

## 水着の素材

ポリウレタン《PU》 → 伸縮性に優れている

×
劣化した生地表面

○
正常な生地表面

ポリエステル《PET》 → 塩素に強く、長持ちする

必ず消毒液として塩素が入っていますので、泳ぎ終わったあとはなるべく早くその塩素を水洗いして落とし、絞って陰干しすることをおすすめしています。家に帰ってから少量の洗剤で洗うのもいいかもしれません。先ほどもお話ししましたが、ポリウレタンは塩素に弱いという性質がありますので。例えば、スイミングクラブから帰宅してすぐに水洗いして陰干しする人と、泳いだあと脱いでビニール袋に入れたまま次の日まで放っておく人とでは水着の寿命は自然と違ってきます。これは日ごろの心がけという部分になってくるんでしょうが。最悪なのは泳ぎ終わったあとに水着を湿ったままビニール袋に入れて、温かい車のトランクに入れっ放しというケースですね。塩素が大喜びしてしまいます（笑）。いずれにしても水着のタグに取扱説明書がついていますので、それに従って手入れをしてください。

**原**　洗濯機で洗うのはＮＧですか。

**吉永**　手洗いのほうが水着にとっては良いのですが、絶対にダメですよともいえないです。完全にダメというのは乾燥機です。ポリウレタンが入っているものは、生地が傷んだり、縮んだりしますので、乾燥機は絶対使用しないでください。

**原**　単に泳ぐというだけでなく、子どもにとっては自分のものは自分で管理するという生活習慣をつける意味でも重要なことかもしれませんね。

吉永　そうですね。用具の手入れについては、水泳を始めるときの基礎知識として親子で話し合っておくことは大事かもしれません。自分で使う用具は自分で洗って干す習慣をつけることは、泳ぐことと同じぐらい重要なテーマかもしれませんね。

## 目を保護するゴーグル

原　目を保護する目的で着用するというゴーグルについてもうかがいたいのですが、肌に触れる部分にクッションがあるものとないものがあります。これは意味があるのでしょうか。

吉永　はい、クッションのあるタイプのゴーグルは水泳を始めた初心者向け、あるいはフィットネスで水泳をやっている人向けと考えてもらっていいと思います。目の上下左右にしっかりと密着すれば水漏れを防ぐことができます。もしも着用してみて緩いと感じた場合はゴム紐の部分の長さで調整できます。緩すぎると水が入ってくるし、逆に締めつけすぎると痛くなりますので、ほどよい状態に調整してみてください。

原　クッションのないほうはレース用ですか？

吉永　そうです。クッションがあるとその分だけでもゴーグルに厚みが出てしまいますので、タイムを競う場合には不向きなんです。厚さにしてわずか数㎜の違いなんですが、それだけでも水の抵抗が強まりますからね。最近では、レース用でもゴーグルの厚みを減らしたパッド付きタイプも発売されています。あと、レースに出る場合はスタートの飛び込みがあります。その際の衝撃によってゴーグルが外れやすいか外れにくいかという問題もあります。

**原**　当然、タイム計測のレースに出る人の場合はゴーグルの厚さは薄いほうがいいということですね。

**吉永**　そうです。もちろんみなさんゴーグルが外れないように調整しているんですが、万が一ということがありますので。そのリスクを少しでも抑えるためには薄めのゴーグルがいいというわけです。

**原**　初心者がゴーグルを選ぶ場合、クッションの有無以外にも選択のポイントはありますか。

**吉永**　アイカップ（レンズ部分）が大きめのものがありますので、初心者にはその種類がおすすめですね。初めのうちは多少なりとも視界は広いほうがいいですから。いろいろなラインナップがあり、ジュニア用、初心者におすすめのフィットネス用、公式大会で着用可のレーシング（競泳）用とあります。年齢やレベルに応じて選ぶこと

## ゴーグル

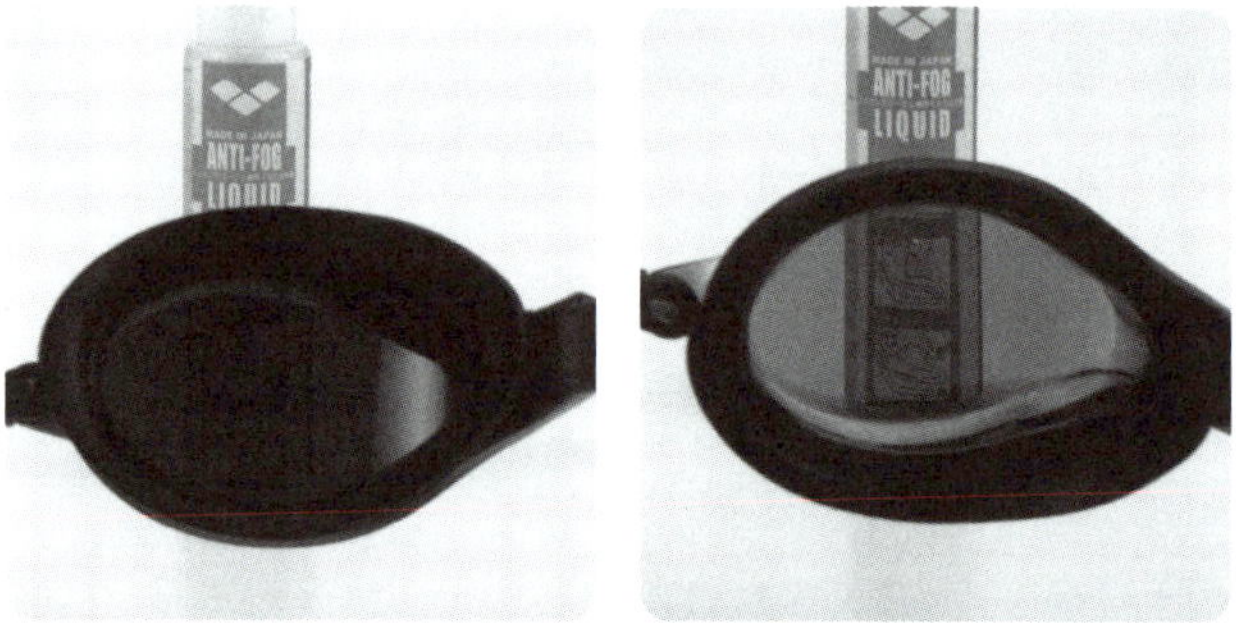


ミラーゴーグル

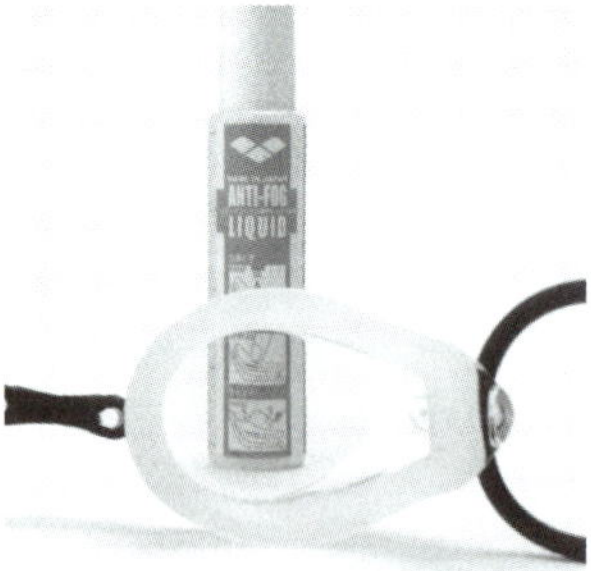


クリアゴーグル

## レース出場者向け

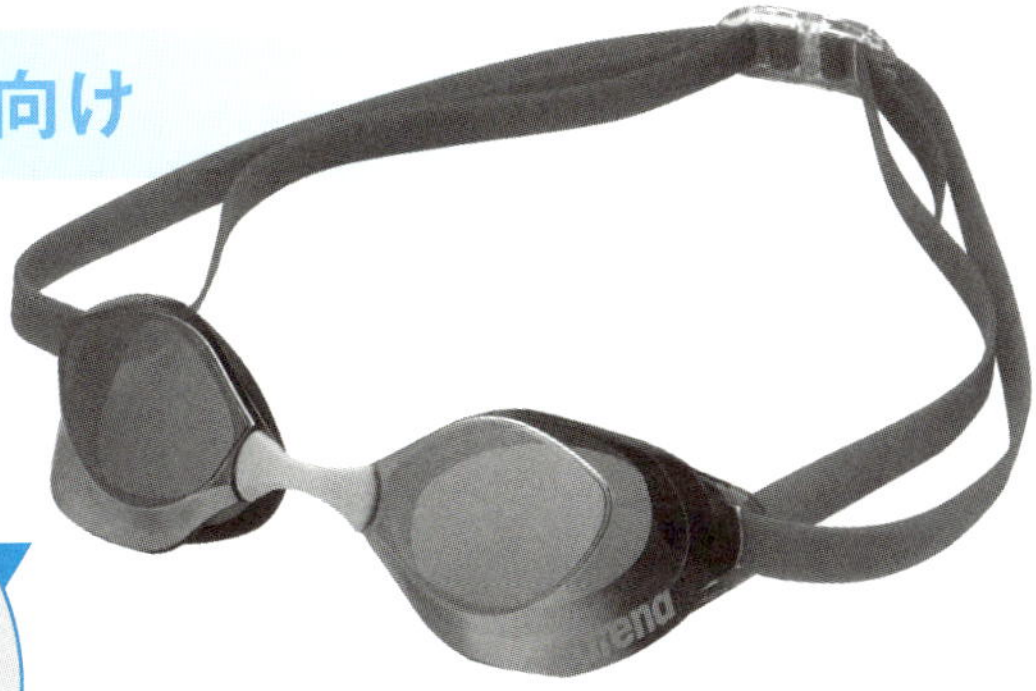

**パッド付きタイプ**

アイカップが小さく厚みが薄め

## 初心者または<br>フィットネス向け

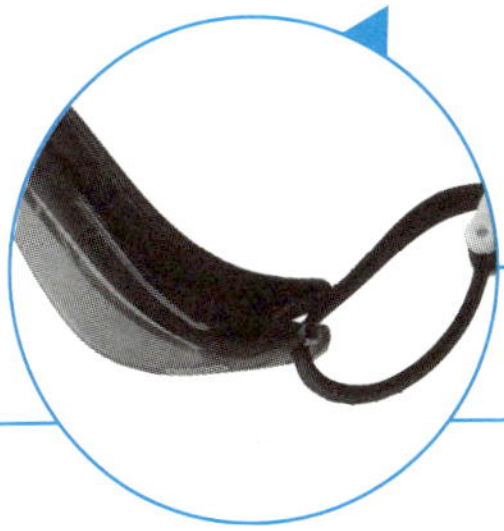

**クッションのあるタイプ**

アイカップが大きめで厚みがある

ができます。

**原**　レンズ部分の色もさまざまで、中にはキラキラしているものもあります。それはそれで意味があるのでしょうか。

**吉永**　色に関しては大きく分けて2つあります。ひとつはキラキラしているミラータイプといわれるもので、もうひとつは視界が明るく見えるノーマルタイプ（ミラー加工がない）です。ミラータイプは光を遮ってくれるタイプで、夏場に外のプールで泳ぐときはもちろんですが、室内プールでも蛍光灯の光を浴びているので、眩しさを軽減する意味でもミラータイプを選ぶ人は多いです。あとジュニア世代はデザインがカッコいいという理由でミラータイプを選ぶ場合が多いですね。ノーマルタイプの場合はレンズにミラー加工を施していないので視界が明るく見えます。

**原**　視力が悪い人用に度付きレンズのゴーグルもあるのでしょうか。

**吉永**　あります。アイカップに度が入っているタイプのゴーグルとなります。専門のショップに行けば検眼レンズがありますので、試した上で選ぶことができます。両目で0・7～0・8が見えるぐらいがいいと言われています。

**原**　レンズに色がついていますが、これも意味があるのでしょうか。

**吉永**　はい、あります。ひとつには水着とのコーディネートですね。特に女性は水着のカラーと合わせてセットでゴーグルを購入するケースがあります。もうひとつは色による心理的効果を狙うものです。例えば赤は闘争心を高める効果があるといわれていますし、心を落ち着かせるときはブルー、何かに集中したいときは黒やスモーク系がいいといわれます。

**原**　吉永さんが現役時代は好みの色があったんですか。

**吉永**　私はそのときどきでした。ちょっと練習時にテンションが下がっているなというときは赤レンズのゴーグルを着けることが多かったでしょうか。逆にレースのときはテンションが上がり過ぎてしまうので、気持ちをセーブするためにブルーを着用していました。レースのときは必ずブルーでした。

**原**　やはり視覚効果はあるんですね。

**吉永**　あとは、背泳ぎの選手は上を向いて泳ぐので、レース会場の明るさなどでゴーグルのカラーを変える選手もいます。

**原**　ゴーグルの値段についても伺いたいのですが。

**吉永**　これも上を見たらきりがありませんが、水泳を始めたばかりの人が着用するのであれば2000〜3000円台のもので十分だと思います。レースに出るようになった人でも3000〜6000円台で買えると思います。あとはデザインであるとか色であるとか、それにもよりますが。

**原**　ゴーグルはどんなタイミングで買い替えるのがいいのでしょうか。

**吉永**　レンズに傷がついて見えにくかったり、別で販売している曇り止め液をつけてもすぐに曇ってしまうようになったら替えたほうがよいでしょう。水着と同じでゴーグルも手入れをしているかどうかで寿命は大きく変わってきます。目に見えないような小さなゴミが付着するとそこから曇り始めますので、水で薄めた中性洗剤を少しレンズ部分に垂らして洗うだけでも綺麗になります。

## メッシュ製キャップとシリコン製キャップ

**原**　キャップについては網目のあるメッシュ製のものとシリコン製の2種類がありますよね。

**吉永**　メッシュキャップは通気性に優れているので長時間かぶっても蒸れにくいという特性があります。あとは着脱しやすい、値段も比較的安価であるという点が特徴です。デメリットといえば水を通しやすいので塩素によって髪の毛が傷みやすいという点でしょうか。

## キャップ

### メッシュタイプ

### シリコンタイプ

原　普段の練習用と考えていいのでしょうか。

吉永　そうですね。通気性がよく、熱がこもらないメッシュキャップを練習でかぶる人は多いです。

原　シリコンキャップは硬いので長時間かぶっていると頭が痛くなりそうですが、大丈夫なんでしょうか。

吉永　メッシュキャップと比べると、きつく感じることもありますので、練習はメッシュキャップ、レースのときはシリコンキャップと使い分けると良いと思います。

原　レースのときにかぶることが多いシリコンキャップは破れやすいといわれますが、本当でしょうか。

吉永　破れやすいわけではありません。シリコンキャップをかぶる際に爪がひっかかったりすると破れることはありますが、爪でひっかけなければ破れにくいです。

原　それでもレースの際にはメッシュキャップではなくシリコンキャップをかぶるというのは、やはり水に対する抵抗の問題ですか。

吉永　そうです。やはりシリコンキャップのほうが水の抵抗を軽減してくれますので。

原　大まかな値段を伺ってもよろしいですか。

吉永　メッシュキャップは１０００円ぐらいからあります。柄もので１５００円ぐらいです。シリコンキャップは1500〜4000円台といったところでしょうか。

## 吸水性に優れたセームタオル

**原**　水着、ゴーグル、キャップ以外にこれは用意しておいたほうがいいというものはありますか。

**吉永**　タオルは必需品のひとつですね。昔はバスタオルが主流でしたが、いまはセームタオルという吸水性に優れたタオルがあります。これは水を含んでも絞れば吸水性が回復し何度でも使えますので便利です。乾くと硬くなるタイプと、乾いても軟らかいタイプの2種類あります。硬くなるタイプは吸水力がすごいです。柔らかいタイプは肌触りが良いです。

**原**　以前のタオルと違ってサイズも小さいですよね。

**吉永**　はい、小さくして荷物を減らすのもセームタオルの特徴です。いちばん人気があるサイズはMサイズ（約43cm×32cm）で、コンパクトで便利です。

**原**　用具を入れるバッグも必需品ですね。

**吉永**　はい。まずは、水着やキャップ、ゴーグル、タオルなどを入れるバッグが必要となります。さらに練習が終わったあとに、濡れた水着やキャップ、ゴーグルをバッグの中でほかのものが濡れないようにするためのプルーフバッグがありますので、ひとつあるといいかもしれません。さらに上達すると、練習中に使うビート板やプルブイ、パドル、フィン、シュノーケルなどが必要になります。また、練習用具が入れられるメッシュバッグなどがあるとよいでしょう。ぜひメッシュバッグが必要になるぐらいまで水泳に取り組んでもらえるといいですね。

## 第2章の習慣（まとめ）

15 水着を室内で試着する場合は
半サイズぐらい小さいものがいい

16 新品の水着は2回目、3回目の着用の
ほうが体に馴染んで動きやすくなる

17 水をセームタオルに含ませ、
女子ならば水着の首元と腰、
男子であればスパッツの腰部分から
水を入れて体にフィットさせるといい

18 水着は胸やお尻の部分の生地が
薄くなってきたり、着ていて動きにくい、
窮屈に感じるとなったら替え時

19 自分で使う用具は自分で洗って
干す習慣をつける。それは泳ぐことと
同じぐらい重要なテーマ

20 ゴーグルは色による心理的効果を
見込んで選ぶこともある

# 第3章

# スイミングクラブはどういう仕組みですか？

プール施工から運営、指導まで　八塚明憲さんに聞く私が少年だったころ、水泳は学校のプールで上級生たちの動きを真似して覚えるものだと思っていた。ところが、のちになってその上級生たちも同じように自己流で泳いでいたということを知った。我流の連鎖である。身近にスイミングクラブもなければ専門のコーチもいなかったのだから当然だろう。これも半世紀以上も前の話だ。

今回、水泳に関する取材を進めていて驚かされることがいくつもあったが、その最たるもののひとつが「日本の民間企業のスイミングクラブの歴史がわずか50年強」だということだ。裏返せば悪しき我流の連鎖が断ち切られて50年以上が経ったことになる。

そんなスイミングクラブの歴史を含め、最新設備を持つ「金田スイミングクラブ立川立飛」の代表、八塚明憲さんに話を伺った。元法政大学水泳部の総監督でもある八塚さんは、現在も公益財団法人日本水泳連盟の常務理事、競技委員長、競技運営推進事業統括など要職にある。先代が歩んできた道やスイミングクラブの歴史と現状、月謝や経営など話は多岐に及んだ。半世紀以上も水泳と歩んできた八塚さんの根底にあるのは〈水泳愛〉だった。

# 夢が詰まった最新設備のスイミングクラブ

**原**　こちらのスイミングクラブのプールは驚くことにコースロープがない上、プールの水がすごく浅くなっていて底が遠くまではっきり見えるんですね。水深は20㎝ぐらいでしょうか。

**八塚**　いまはコースロープを外してあり、水深は15㎝に設定してあります。このプールは可動式で、スイッチひとつで深さを変えることができるんです。たぶん民間のスイミングクラブでは弊社だけなんじゃないでしょうか。この時間は6レーンすべて浅くしています。

**原**　いまは、というと別の時間では深くするということでしょうか。

**八塚**　そうです。ちょうどこれから小さいお子さんたちの練習が始まるところなので浅くしてあるんです。どうしても小さい子はプールが深いとそれだけで緊張感と場合によっては恐怖感を抱きますから。親御さんにも安心して見学してほしいという思いがあってのことです。

**原**　6レーンのうちスタート台が4基ですね。

**八塚**　いま付いているうちの2基は本物のスタート台で、中央の2基はイミテーションです。(塩素ガスで錆びたり、接続端子がダメになるため) 実際には6レーンすべてにスタート台があるんですが、大会用は倉庫に収納されているんです。

**原**　すごい設備ですね。

**八塚**　設備費だけで5億円ぐらいでしたから、一般的なスイミングクラブの2倍近く費用がかかっています。トータルでは通常の3倍ぐらいの費用がかかっていると思います。だから正直いって採算はとれません (笑)。でも、それでいいんです。こんなプールを造りたかったので60歳を超えて実現させました。

**原**　八塚さんの夢が詰まったスイミングクラブなんですね。

**八塚**　妻もいっしょにやっているんですが、本当は老後はゆっくり過ごしたかったらしいんです。「こんなはずじゃなかったんだけど仕方ないね」と言っています。そうは言ってますが、ようすを見ているとまんざらでもなさそうなんですよ (笑)。やっぱりね、子どもたちの笑い声を聞いていると「やってよかった!」と思います。

**原**　奥様もこのスイミングクラブで働いているんですね。

**八塚**　私たち夫婦は70歳少し手前なんですが、いちばん最初にスイミングに来て掃除機をかけて、それから営業が始まるんです。

# 日本のスイミングクラブの歴史

**原**　現在は「金田スイミングクラブ立川立飛」という名称ですが、もともとは東京・小金井市にあったと聞いています。

**八塚**　１９７１年（昭和46年）に私の義理の父、金田平八郎が小金井市に民間企業としては初となるスイミングクラブを設立したんです。それがスタートですから歴史は54年になりますね。７年前の２０１８年７月に建物の老朽化にともない小金井校を閉め、場所を立川飛行場の跡地でもある現在の場所に移し、新たに「金田スイミングクラブ立川立飛」という名称で再建したという経緯があります。

**原**　民間のスイミングクラブの設立は１９７１年が最初なんですか。ほかのスポーツと比べるとずいぶん遅い感じがします。

**八塚**　そのあたりを含め日本のスイミングクラブの成り立ちについて説明しようと思いますが、よろしいでしょうか。

**原**　お願いします。

**八塚**　１９６４年に東京オリンピックが開催され、日本の水泳界は惨敗したんです。

最後の800mリレーで日の丸を掲げるためにコーチと高石会長はリレーメンバーの順番を話し合いました。そして高石会長がアンカーは岩崎と決断したそうです。この一決が銅メダルにつながったと聞いています。義父から聞かされた東京オリンピックの水泳会場はアメリカの星条旗ばかりが揚がっていたそうです。すべての報道機関が「アメリカが強いのはスイミングクラブがあり、エイジグループから強化されているからだ」と報じていたと聞きます。アメリカは1954年ごろにサンタクララ・ハイスクールでジョージ・ヘインズ・コーチが小学生から大学生までの一貫指導をしていたそうです。そこで日本でも一貫性のある指導をしようと、東京オリンピックの会場だった練習プールを借りて1965年3月に代々木SCが始まりました。名古屋では加藤茂さんが朝日こども水泳教室を、九州では黒佐さんが黒佐水泳教室を始めたんです。私財を投じてスイミングクラブを始めたのは多摩川SSの伊藤義子さん。そうした始まりの中、スイミングクラブ名に苗字を付けたクラブで現在残っているのは、ここ金田SCだけと認識しています。

**原** 60年以上前のことですね。

**八塚** そうなりますね。東京オリンピック後、「ロート製薬 日本選手権」にも出場していた実業団チームが活動を止め、「山田スイミングクラブ」へと衣替えしました。

［補足］1964年東京オリンピックの競泳はリレーを含めて男子10種目、女子8種目が実施され、アメリカは男子が7種目で金メダル、女子は6種目で金メダルを獲得。日本は銅メダルひとつに終わった。

全国から優秀な選手を集めての英才教育ですぐさま旋風を起こしたそうです。会長にはロート製薬の山田輝郎社長、顧問には奥田精一郎、小柳清志、コーチには金田平八郎、加藤浩時が就きました。そして、シャペロン（世話係）や食事・洗濯のスタッフを配しての指導陣。山田社長は、「山田ＳＣは会社の宣伝ではない。純粋に日本の水泳を強くしたいからやるんだ」と義父に言ったそうです。義父は売名行為を嫌うなら、社長に「ロートスイミングクラブ」ではなく「山田スイミングクラブ」という名前を提案。そのように決まった理由は、当時アメリカではサンタクララＳＣが有名だったので「山田（サンタ）」をもじった名前が採用されました。東京オリンピックが終わってすぐの１９６４年10月のことです。

**原**　山田（サンタ）スイミングクラブ、サンタクララ！

**八塚**　私財を投じて、大阪に25ｍ×６レーンのプールを２面造りました。いまの金額にすると１００億円ぐらいかかったと聞いています。そのうちのひとつを加藤コーチに任せ、もうひとつは私の義父が任されました。山田ＳＣ設立の目標はオリンピックで日の丸を掲げること。１９７２年ミュンヘン・オリンピックで青木まゆみさんが金メダルを獲り、目標は果たされました。その後、加藤コーチのところは「イトマン・スイミングスクール」という名称になり、私の義父のところは「金田スイミングクラブ」となりました。その後も両クラブは強化を続けています。

**原**　いまに繋がる日本のスイミングクラブの歴史がわずか50年強というのは少し驚きですね。

**八塚**　少し脱線しますが、当時の面白いエピソードがあるので紹介しますね。私の義父は東京・杉並区の東田中学校で教師をやっていたんですが、あるときプールの練習をじーっと見ている少年がいたんだそうです。気になった義父が「水泳に興味があるの？」と声をかけたら、「僕もやってみたい」と。で、練習をさせてみたら覚えも早いし泳がせても速い。そして、ほどなくしてバタフライの中学新記録まで出すほどになったんです。誰だかわかります？

**原**　……。

**八塚**　大相撲の先代の大関・貴ノ花さんですよ。

**原**　兄弟で横綱になった三代目・若乃花さん、貴乃花さんの父親ですね。思い出しました。そういえば先代の貴ノ花さんは水泳をやっていたんでしたよね。

**八塚**　そうそう。で、貴ノ花さんは中学を卒業したあとは水泳強豪校に進む予定だったんです。ところが兄でもある元横綱・初代の若乃花さんに「水泳じゃ飯を食っていけないぞ」と諭されて各界入りすることになったそうです。

原　もしも貴ノ花さんが水泳を続けていたらオリンピック出場も夢ではなかったと聞いたことがあります。それだけの逸材だったんですね。

八塚　はい。貴ノ花さんは中学卒業と同時に各界入りしたので私の義父が最後の恩師のような存在になりました。だから、彼が大関時代にもふたりの息子たちを何度も小金井に連れて来ていましたね。三代目・若乃花さんが大関時代に足を痛めたときもリハビリで小金井のプールに通って来ました。選手コースの練習が終わったあとの夜遅くに、私とふたりでロングチューブを2本腰に巻いてリハビリトレーニング（すり足を水中で負荷をかけて進む）をしました。

## 最盛期には6000人超の会員

原　当時のスイミングクラブなんですが、やはりアメリカのプールを参考にして造ったのでしょうか。

八塚　そうではなかったみたいですね。自分たちで試行錯誤しながら造ったと聞いています。だからプールを囲うコンクリートの厚さもどのくらいにすればいいのかわからなかったみたいです。そのため頑丈に造ることが第一だったので、ものすごく分厚かったそうです。プールに入れる消毒液の塩素から出る塩素ガスの怖さも想像できなかったのではないでしょうか。屋根の鉄骨が錆びるのが異常に早かったらしいです。

**原**　塩素は鉄を早く錆びさせますからね。

**八塚**　そうなんです。だから何度も屋根を取り換えなくてはいけなかったんです。それに泳いでいるときにバシャバシャという水の音だけでなくコーチの指導する声などが響き、近所から苦情も出てくるわけです。そんなことを経験しながら屋根の角度や音が反響しないようなつくりなどを研究していた歴史があります。

**原**　私が小学生や中学生のときにはスイミングクラブという存在そのものを知りませんでしたが、知らないのも当然なんですね。

**八塚**　そう、なかったんですから。そのあとスイミングクラブは全国のあちらこちらに新設され、会員数も右肩上がりになっていったんです。いまのような少子化の時代ではなく、まだまだ子どもの数が増えていたころですからね。

**原**　事業としても注目されていったでしょうね。

**八塚**　そうなんですよ。スイミングクラブを始めると会員がたくさん集まるので事業としてもいけると。いわゆる健康産業というものですね。プールが小金井市にあった時代には最高で会員が6000人いました。会員の送迎に定期的にマイクロバスと大型バスを走らせていたほどです。そんな状況でしたから、それを見た人たちもビジネスチャンスがあるということで次から次に参入してきたというわけです。ただし、その多くは水泳に特化したものではなくスポーツクラブという形態をとるんですが。

**原**　スポーツクラブの多くはプールも備えていることが多いので、結果として競争が激しくなったわけですね。

**八塚**　１９７０年代後半あたりがそうですね。でも、スイミングクラブの強みは教育の一環としてスタートしている点なんです。そのため割と不況にも強く、少子化のいまでも支持を得ているという現実があります。

**原**　ところで、水泳を指導する施設の名称についての質問なんですが、クラブ、センター、スクール、水泳教室など呼び方がさまざまですが、違いはあるのでしょうか。

**八塚**　いや、名称によって指導することが異なるというものではなく、単なる呼称の違いというだけだと思います。実は弊社も東京・あきる野市にあるサマーランド（１９６７年10月設立）に「金田スイミングスクール」を開校し、生徒に教えたことがスタートになるんです。

**原**　波の出るプールがある、あのサマーランドですか？

**八塚**　そうです。先ほどロート製薬の山田さんがプールを造った話をしましたよね。

義父は、新聞等に書かれた記事によると「日本国中から選手を勧誘してきて半年、1年で（選手が）伸びないと帰す。それが可哀想で山田SCを退職した」そうです。一方、山田会長の構想は40人の選手が居て、1年経ったら15人を残して25人を入れ替え、強い山田SCを作る考えがありました。それはオリンピックで日の丸を掲げることが目標だったからで、入れ替えることによって選手も必死になりますね。しかし、帰される子どもにとっては恥ずかしい思いで辞めていくことになります。その子供たちの気持ちを考えると元教員の義父はつらかったのでしょう。山田SCを辞めたいちばん大きな原因でした。

**原**　なるほど。

**八塚**　東京に戻ったのは子どもたちに悪いと思ったからですが、ただ仕事も何も決まっておらず、半年間は仕事がなかったそうです。1967年にサマーランドがスタートして、その翌年にプールのスペースを借りるかたちで「金田スイミングスクール」がスタートしたのですが、その中には山田SCを辞めて義父を追いかけて来た子どもたちも数名いました。サマーランドでは3年間お世話になり、その後は義母の田舎、小金井市にスイミングを移すことになります。教員時代に全国中学、東京都中学の水泳大会で優勝させていた義父ですから、選手指導の手腕は地元でも有名でした（義父は日本橋茅場町出身）。弊社も最初はスクールという名称だったんですよ。ただ、途中でクラブにしたのには何か理由があったのかもしれませんが、聞いたことはありません。現状はクラブもスクールもセンターも教室も、水泳を教えることに変わりはありません。

## 浅い水深には意味がある

**原**　ほかの項でも触れているんですが、アンケートをとると水泳は子どもの習い事の１位になることが多いんです。やはり八塚さんから見てもおすすめですか。

**八塚**　日本は周囲を海に囲まれた島国で川も多いので、やはり自分の身を守るという意味でも泳げるようにしておいたほうがいいと思います。別に選手にならなくてもいいんです。それに水泳は全身運動なので、子どもがバランスよく体力をつけていく上で最適なスポーツだと思います。

**原**　プールの水深が浅いですが、こちらは何歳から入会できるのでしょうか。

**八塚**　０歳からのベビースイミングもやっていますし、マタニティのスイミングもやっています。隣には産婦人科があるので安心してやれます。一般のコースは３歳からになります。先ほど見ていただいたように水深を浅くして水遊び感覚で水に慣れてもらうことから始めています。小さい子のクラスで水深を浅くしているのは、やはりリスクを少しでも小さく抑えるためなんです。例えば水深が30㎝だろうが70㎝だろうが、あるいは120㎝だろうが溺れるときは溺れますから。

**原**　そう考えると浅い水深には意味があるわけですね。

**八塚**　はい。最低でも子どもが両方の手で顔を持ち上げられる深さ（高さ）、それが目安だと。その深さならば、まず溺れることはありません。これは私の義父の教えでもあります。だから私たちのスイミングクラブでは腰に付けるヘルパー指導はしません。なぜなら自分で浮くことが大切で、浮かされているのとは違うからです。安全面を考えて水深を浅くして、コーチの数も増やして対応しています。

**原**　これは一般論としての話になりますが、親が子どもを入会させようかなという段階でスイミングクラブに確認しておく必要があることはありますか。

**八塚**　どの曜日のどの時間に練習したいのか、その希望を出しておくことでしょうか。これはうちのスイミングクラブの場合ですが、泳ぐ時間帯を能力別に分けてはいないので、例えば兄弟で泳力が全然違っていても同じ時間に練習できるやり方にしています。そのほうが送迎する家族は楽じゃないですか。だからまったく泳げない子も泳げる子もいっしょの時間に練習しています。ただ、ほとんどのスイミングクラブは泳力によって曜日、時間は決められていますからご注意ください。通いたい曜日と時間の希望はあらかじめ決めておいたほうがいいと思います。

## いちばん大事なのは続けていくこと

**原**　これも一般的な数字でいいのですが、月謝はどのくらいが相場になりますか。

**八塚**　週に何度通うか、またクラスによって月謝は変わってきます。うちの場合、例えば平日午後と土曜日の満３歳以上～高校生を対象としたジュニアクラス週１回コース（１時間）は８８００円（税込）、週２回コースは１万２１００円（税込）、大学生以上の中級者向けとなる平日昼の成人クラス（１時間）は月４回で６６００円、首すわり～満３歳までのベビークラスは月４回で５５００円（税込）です。これとは別に入会時に入会金として、例えばジュニア週１回コースの場合は３０００円、会員管理費２２００円をいただいています。（年会費の徴収は無く、一度入会すると退会して再入会した場合は月謝のみになります）

**原**　八塚さんのところは数多くの選手が大きな大会に出場していますので、選手育

## スイミングクラブ選び

### 続けていくことが大前提

指導が上手

評判がいい

よりも、

兄や姉が通っている

友達がいる

楽しい

のほうが大事

泳げるようになり、もっと速く泳ぎたい、大会に出てみたいという意欲が出てきたときに、場合によってほかのクラブへ移ることも出てくる

成のコースもありますよね。

**八塚**　選手コースは指定タイムを突破していて関東大会や全国大会出場を目指す人のクラスで、週6回の練習で月謝は1万3750円（税込）です。同じく指定タイム突破者で地域大会、都大会出場を目指す特進クラスは週5回の練習で1万3750円（税込）、同特待クラスは月12回の練習で1万2540円（税込）となっています。おそらく関東圏のスイミングクラブは似たような値段設定だと思います。

［補足］金額は2025年3月末時点

**原**　通える範囲内に複数のスイミングクラブがある場合、選択するポイントはどんなところになりますか。

**八塚**　大事なことは続けていくことなんですよ。だから兄や姉が通っているのならば同じところがいいでしょう。あるいは友だちが通っているスイミングクラブがあればそこがいいでしょう。指導が上手だとかそうではないとか、そんな評判は二の次で、友だちがいて続けられる環境を作ることがいちばんんです。楽しくなければ続きませんから。親からしてみれば「あのクラブはオリンピックに出場したコーチがいて指導してくれるらしい」とか口コミもあるんでしょうが、そんなことは子どもにはわかりませんからね。嫌がらずに通って練習しないことには泳げるようにならないので、友だちといっしょに通えばいいんですよ。大きくなってきて泳げるようになり、もっと速く泳ぎたい、大会に出てみたいという意欲が出てきたら、場合によってはほかのクラブの短期教室等に行ってみるとかすればいいんです。

**原**　続けていくことが前提になりますが、それでも成長が遅く、なかなか進級しないので行くのが嫌だという子もいると思います。意欲をかき立てるための魔法の言葉、あるいはやる気スイッチの場所はどのあたりにあるのでしょうか。

**八塚**　進級しなくなると「行きたくない」となることはありますよね。自信も揺らぐでしょうし、場合によっては友だちに後れをとるわけですから。そのあたりの対応はコーチの腕や信頼関係ということになるんでしょうかね。できないことを指摘するのではなく、できることを褒めながらやる気を持たせることでしょうか。

**原**　成長段階に応じて細かく級を決めて、進級するとスタンプを押すとかキャップに級数を表すバッジをつけるとか、スイミングクラブによってさまざまな工夫をしていますよね。

**八塚**　はい。私のところでは進級するとキャップに★をつけていくんです。子どもはそれがうれしいんですよね。以前はスタンプだったんですが、★に変えました。もらった子どもは誇らしげですね。★が5個溜まると次の色に変わるシステムです。

**原**　入会直後の子は水泳に関してできることはゼロですものね。

**八塚**　そうなんです。入会してきたときはシャワーも嫌い、水に顔をつけるのも嫌いという子が、いつの間にか水に馴染むようになるわけです。担当コーチの目を盗んで——とはいっても別のコーチがしっかり見ているわけなんですが——自分で水に顔をつける子もいますが、危なくない範囲では見て見ないふりもするんです。そこで叱るとせっかく芽生えた興味が失せてしまいますから。むしろ自分で水遊びを始めたらしめたものなんです。子どもにとっては自由な時間が成長するタイミングでもあるんです。もちろん見逃すのは危険ではない程度となります。そのあたりの見極めが難しいんですが、そこはベテランの先生方と若いコーチの連携になりますね。そういう意味では指導者もいっしょに学んでいっています。

**原**　そうするとそれなりにコーチの数も必要になりますね。

**八塚**　経営ということを考えたら、それは人件費という問題になってきますが、ちなみに、私たちのところでは小さな子どものコースの場合は子ども5人にコーチひとりという配置になります。

**原**　コーチは何人いらっしゃるんですか。

**八塚**　パートで入ってくれるコーチもいますので、合計で30人以上はいます。コーチのひとりは私の甥（金田和也さん）で、彼は2012年ロンドン・オリンピックにも出場しました。その甥の結婚相手（旧姓・上田春佳さん）もロンドン・オリンピックに出場しています。彼女はメドレーリレーでメダルを獲っています。ちなみに和也の母親（旧姓・山崎幸子さん）は1976年モントリオール・オリンピックと1980年モスクワ・オリンピック（日本は不出場）の日本代表です。

## 学校から直行の小学生も

**原**　東京のようにスイミングクラブが多い地域は選択肢が複数ありますが、そうではない地域に住んでいて水泳を習いたいという場合、何か名案はありますか。

**八塚**　うーん……水泳は頭の中で覚えるスポーツではないので、こればかりは自分で体験しないといけないでしょうね。自転車に乗るのと同じです。その代わり、一度覚えると忘れません。水泳というのは水の中に入って浮力に対してどうするかということを体験しなければいけないので、短期教室を実施しているクラブがあれば行って体験してみることをおすすめします。水泳を始めるのならば年齢は早ければ早いほどいいと思います。

**原**　中学生や高校生から始めても泳げるようになりますよね。

**八塚**　もちろん泳げるようになります。ただ、スイミングクラブの場合は年齢でクラス分けするのではなく水泳の能力で分けることが多いので、例えば中学生と3歳児が同じクラスになる場合もあるわけです。そんなときに中学生が劣等感というか抵抗を感じなければいいんですが……。

**原**　なるほど。ところで先ほどから、次から次に会員の人たちが（私たちの目の前に見える）プールに入って来ていますが、着ている水着がまちまちなんですね。

**八塚**　そうなんです。うちは水着の指定をしていないんです。だから子どもも上級者も自分の好きな水着を着ています。中にはよそのスイミングクラブから移ってきて、そのころに着ていた水着で泳いでいる子もいます。

**原**　それでなんですね。よそのスイミングクラブのロゴが入った水着を着ている人がいたものですから。

**八塚**　よそのクラブからも移って来て泳いでいるんだよって、これは少し自慢にもなってしまいますかね（笑）。

**原**　先ほどランドセルを背負った子もいましたが、小学生だと学校の授業が終わってプールに直行という子もいるんですね。

**八塚**　います、います。いちばん早く始まる小学生のクラスが午後3時20分からなので、ランドセルを背負ってクラブに直行、お母さんはスイミング用具一式を持ってクラブに、ふたりで落ち合って時間に間に合う工夫をしています。

**原**　クロール、平泳ぎ、背泳ぎ、バタフライの4泳法をマスターするのに、親御さんにはどのくらいの時間、年月がかかると伝えていますか。

**八塚**　これは人によって能力差があるので、何ともいえませんね。ひとつの目安とすれば、例えば3歳で始めたとしたら3、4年ぐらいで4種目を泳げるようになっています。特にバタフライはなかなか泳げませんから。面白いのは、最初の水慣れに時間がかかった子が、それ以降は案外すんなりできてスイスイ進級していく場合もあるということなんです。それと、4種目という話が出ましたが、いまの親御さんは4種目を泳げるようにと考える人は少なくなっていますね。基礎体力がつけばいいと考えている人が多くなっています。私たちとすれば4種目覚えてもらえるとうれしいんですがね。

**原**　一方で、途中でやめていくケースもありますよね。

**八塚**　あります。ほとんどの子ども、親にとって水泳がすべてではありませんからね。小学生の高学年になると学習塾に通い始める子もいますし、ほかのスポーツを始めるのでという子もいます。チャンスがあれば、水泳だけでなくいろんなスポーツをやってみるのもいいことだと思います。子どもによって何に向いているかはやってみないとわからないですから。

## 進級テストの際はコーチがiPadで合否を送信

**原**　スイミングクラブの設備についても教えていただきたいのですが、まずは玄関から入ってすぐ受付がありますよね。

**八塚**　うちのスイミングクラブは自動の管理システムを採用しているので、子どもが入ってきたらカードをタッチするんです。そうすると親のスマホに入館の通知が届くことになっています。もしも会員が体調が悪くて熱が高い場合はブザーが鳴ることになっています。練習が終わって退館する際にもカードをタッチする仕組みになっています。例えば忘れ物があるとブザーが鳴りますよ。掲示板を見るとゴーグルと出るわけです。ちなみに誕生日には「ハッピーバースデー」と文字が出て、音楽がなります。会員は照れていますが（笑）。

**原**　すごいシステムですね。これだと親も無事に着いただろうかと心配しないで済みますね。

八塚　それだけじゃないんです。進級テストのときはコーチがｉＰａｄを持ってテストに臨むんです。そして合否が決まるとすぐに親御さんのスマホに送信します。合格した場合は「なぜ合格したんですか」とは聞きませんが、不合格の場合は「どこがいけなかったのでしょうか」と聞きたくなりますよね。だから担当コーチが「平泳ぎのときの足がバタフライのときの足（あおり足）の動きになっていました」などと理由を記入してご家族にお知らせします。

原　それは至れり尽くせりですね。

八塚　コロナ禍があったからこその考えで取り入れたシステムなんです。もちろん設備投資というかたちで費用はかかりましたが。進級テストで合格した子どもを親が迎えに来たときなど、ご褒美にアイスを買ってもらって食べている姿をよく見ますよ。こちらも微笑ましくなるような光景です。

原　自然と親も無関心ではいられなくなりますね。

八塚　そうなんです。自動管理システムやｉＰａｄでの合否連絡の狙いのひとつには親御さんに関心を持ってもらうということもあるんです。皆さんが子どもの習い事に強い関心を持っているとは限りませんからね。仮に無関心に近い人でも、子どもがスイミングクラブに到着、退館という知らせが自動的に届いたり、進級テストの合否連絡が入るわけですから気にせざるを得ないわけです。

**原**　その一方で親が出過ぎてしまう、場合によっては指導に対してクレームをつけてくるなどというケースもありますか。

**八塚**　ないとはいえないでしょうかね。一般コースの場合はお子さんの成長に関して加熱してもいいと思うんですが、子どもが選手コースになったら冷静にお願いしたいところです。以前、Aさんにはコーチが8回アドバイスしていたのに、うちのBには3回しか声がけしてくれなかった、不公平じゃないかという話を聞いたこともあります。それは違うんです、Bさんが教えなくてもできているので声をかけていないだけですと答えました。面白いもので、ほどよい一定の距離を保って応援してくれる人の子どもは、けっこういい記録が出ていることが多いです。

**原**　小さい子どもやレースに出るレベルの選手を指導していく上でモットーのようなものはありますか。

**八塚**　子どもに関しては、とにかく楽しく続けられるようにということですね。それがいちばんです。

**原**　常々、指導陣にはどんな話をしているのでしょうか。

八塚　20代は体で教えなさい。30代になったら頭を使いなさい。40代は目で教えなさい。50を超えたら耳で教えなさい、と。

原　わかるところもありますが、詳しく説明していただけますか。

八塚　これは私の恩師から教わったことなんです。20代は若いから自分の体を使って教えなさい。30代になったら勉強して知識を増やしなさい、ということですね。40代になったら、言葉だけではなく選手の泳ぎや練習のようすを目で追って何をやればいいかをよく見て選手に伝えなさい。50歳を過ぎたら人の話をよく聞いてあげるコーチになりなさいということですね。「水泳は人間形成の道なり」――この言葉を大切にしています。

## 大会が多い日曜日は休館

原　プールの水に入る前には体操もしますよね。

八塚　うちの場合はプールサイドで体操をします。それからプールに入るという順番になります。

原　スイミング用品を扱う売店もあるんですか。

**八塚**　売店はありません。置いてあるのはキャップとサイズ見本だけです。必要なものはネットなどのショップで購入することをおすすめしています。水着を指定制にしないのも通う人の負担を少しでも軽減するためなんです。親や祖父母の年代の中には「水泳は水着があればできるんでしょう」と思っている人が少なくないので、「みんなと同じウェアを購入して着てください」とは言いにくいじゃないですか。義父がそういう考えの人だったんです。だから当時は月謝も東京で一番安かったんです。その分、たくさんの人が通ってきて泳げるようになってくれればいいと。で、その中から選手として活躍する人が出てくればうれしいと。

**原**　結果として多くの人が会員になってくれると経営も安定するというわけですね。

**八塚**　薄利多売に近い考えだったんでしょうね。とにかく義父は水難事故から守るために多くの人に泳げるようになってほしかったんでしょう。余談になりますが、昔のことを妻に聞くと、「毎年3月ごろになると家のお風呂がなくなって家族は銭湯に通うの」と。義父が中学のプールで子どもたちを練習させていると、みんなが「寒い、寒い」と言うものだから、家にある風呂を中学に持って行って合間に暖をとらせていたそうなんです。

**原**　笑。ところで日曜日が休館日なんですね。

八塚　はい。いまの時代、日曜日に営業していれば通う人はたくさんいるはずなんです。おそらく200人、300人は会員数が増えると思います。でも、日曜日は休みにしています。なぜかというと、ひとつには働き方改革の方針に沿ってコーチを含む従業員を交代で週休2日にするためです。もうひとつは日曜日に水泳の大会が行われることが多いからなんです。特に上級者を指導しているコーチは選手といっしょにレースに行きたいわけです。営業していたら行けないケースが出てきますからね。コーチのやりがいを優先しています。

## 行政と民間のタイアップ

原　少子化が進み、一方で義務教育である小中学校の設備の老朽化が目立っています。学校のプールなどはその典型といわれます。学校のプールをなくし、地域のスイミングクラブと連携して生徒の水泳の練習を委託する方向性も議論されていると聞きます。実際、行政からスイミングクラブへのアプローチはあるのでしょうか。

八塚　あります。弊社も2023年度に1校だけ担当しました。そうしたら評判が良かったみたいです。こちらはプロだよ、という自負はありますからね（笑）。

２０２４年度は2校に増え、２０２５年度は4校に増えました。

**原**　今後はそういった連携、委託がさらに増えていきそうですね。

**八塚**　学校のプールは夏場しか使わないのに建設費、メンテナンス費用がかかりますからね。先ほどもお話ししましたが弊社のプールは水深を変える装置がついているんですが、これだけで５０００万円かかります。しかも1年に1回は水を全部抜いて点検する必要があるんです。

**原**　その対応は行政では絶対に無理ですよね。

**八塚**　民間でも無茶だと思います（笑）。余談になりますが、水泳に限らず近未来の話として、行政と民間が提携して生徒のスポーツ授業を行うことが増えていくと思います。民間のスポーツ施設にとっても助成金として行政からのサポートがあると助かりますからね。

## 第3章の習慣（まとめ）

21 水深を浅くしているのは子どもの緊張感と恐怖心を和らげ、親御さんに安心して見てほしいから

22 スイミングクラブの強みは教育の一環としてスタートしている点。そのため不況にも強く、少子化のいまでも支持を得ている

23 入会前にどの曜日のどの時間に練習したいのか希望を出しておくべき

24 兄や姉、友だちが通っているスイミングクラブがあればそこがベスト。楽しくなければ続かない

25 コーチは危なくない範囲では見て見ないふりもする。子どもにとっては自由な時間が成長するタイミング

26 チャンスがあれば水泳だけでなくいろんなスポーツをやってみるのもいいこと

27 20代は体で教える。30代になったら頭を使う。40代は目で教える。50を超えたら耳で教える

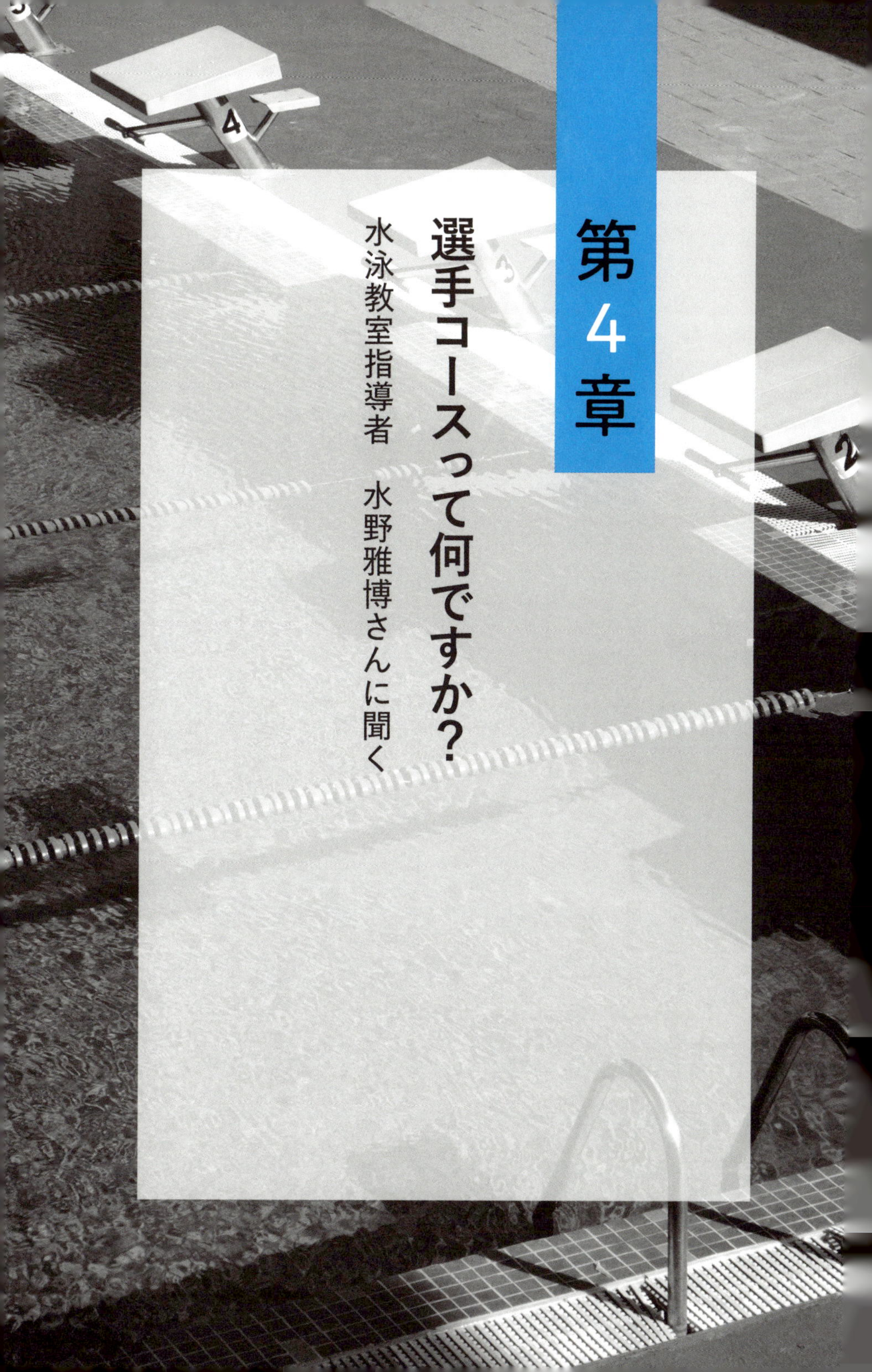

# 第4章

# 選手コースって何ですか？

水泳教室指導者　水野雅博さんに聞く

ここまでに何度か「選手コース」、あるいは「育成コース」という言葉が出てきたが、通常のコースと何が違うのだろうと思っている保護者は多いのではないだろうか。実のところ私自身がそうだった。孫がスイミングクラブに通い始めてから送り迎えをしている際、何度か「選手コースにいきませんか」と声をかけられたが、ほとんど知識がなかったため二の足を踏んでいたのだ。両親も「楽しく泳いでいるからそれでいいんじゃないの」という考えだった。

ところが、あるタイミングで孫が「やってみる」と言い出したため、選手コースに進んだという経緯がある。通う日数も練習量も増えたが、孫は「もっと早くいけばよかった」というほどで、練習と大会出場が楽しくなったようすだった。それは4年が経とうとするいまも変わらない。

というわけで、「選手コース」とは何、どんなことをするの、という数年前の私自身のシンプルな質問を持って2025年3月に行われた全国JOCジュニアオリンピックカップ春季水泳競技大会の終了翌日、学校法人 井之頭学園 藤村スイムスクール（藤村SS）の水野雅博コーチのもとを訪ねた。藤村SSは先のJOCで総合優勝したほどの超強豪クラブとして知られる。さぞや指導陣は厳しく練習量も半端ないのだろうと思っていたのだが……。

## 独自に設定されたタイムを切れば選手コースに入れる

**原**　このたびの２０２５年春の全国ＪＯＣジュニアオリンピックカップの総合優勝、おめでとうございます。

**水野**　ありがとうございます。うちのクラブはこれまで個人や年齢別の優勝は何度もあるんですが、総合優勝は初めてなんです。今回は41人が出場したんですが、ほんとうに選手たちがよく頑張ってくれました。指導している立場としては最高にうれしいですね。

**原**　おつかれさまでした。水野さんには選手コースというテーマで話を伺っていきたいのですが、単刀直入に「選手コースって何？」と聞かれた場合、どう説明すればいいのでしょうか。

**水野**　スイミングクラブ側が参加を決めた大会があるので、できるだけその大会に出ていただく。そのためには通常のクラスよりも多く練習に通っていただく。練習量もそれなりに多くなります、と。

**原**　現実的には基本として、選手コースは一般のコースと何が違うのでしょうか。

## 選手コース〈藤村水泳教室の場合〉

**小学生以上が80人から100人在籍**

**学年ごとに決められたタイムをクリアすると入れる**

練習を通して技術面や精神面を成長させながら
記録を向上させていく

大会に出場してもっと速い仲間に出会い、
そこに芽生えた向上心でまた練習して挑戦していく

練習例

**小学生**

日曜日を含めて**週に6日**
（コースによって休みが異なる）

**中学生**

**週に6日**
試合がない日曜日は午前と午後の2部練習の場合がある
朝は8時から、午後は1時から

**テスト期間中** 個人の判断に任せる

**水野**　私たちの藤村スイムスクール（以下 藤村ＳＳ）では「育成クラス」と呼んでいるんですが、学年ごとに決められたタイムをクリアすると入れます。藤村ＳＳでは設定されたタイムさえ切れれば、幼稚園生でも小学1年生でも入れます。ただ、現実的にはそうもいかないので3年生ぐらいからでしょうか。

**原**　その設定タイムは厳しいのでしょうか。

**水野**　簡単にはクリアできないタイムです。ですが、厳しすぎないように設定しています。

**原**　小学生で中学生の設定タイムを切った場合は、中学生のクラスに入るんですか。

**水野**　いや、どんなに速いタイムで泳ぐ子でも、小学生のうちは小学生のクラスで泳いでもらいます。逆にほかのスイミングクラブでは選手コースの選考はどうしているんでしょうかね。

**原**　やはりタイム設定しているところもあれば、素質のありそうな子に声をかけるところもあるみたいですね。

**水野**　それぞれ違いますよね。それは各クラブの方針に沿ってやっているはずです。

**原**　選手コースに入るメリットはどんなところにあるのでしょうか。

**水野**　メリットといえるかどうかわかりませんが、基本的に子どもは競争が好きなんだと思います。ほかの子よりも速くなりたいという気持ちがあるなら選手コースに入って、練習を通して技術面や精神面を成長させながら記録を向上させていってほしいですね。競うことによって勝ったり負けたりするわけです。それによって肉体だけではなく気持ちも鍛えられます。自分では速くなったと思っても大会に出たらもっと速い子がいるわけです。まだまだ力が足らなかったんだなと。そこに向上心が芽生えてくるわけです。「今日は負けたけれど今度は勝ちたい」となると努力が必要になります。それを見ると周りも応援したくなってくるんです。そのあたりが選手コースのプラス面でしょうか。

**原**　選手コースに入った場合、週に何日ぐらい練習するんでしょうか。

**水野**　藤村SSの場合、小学生は基本的に日曜日を含めて週に6日です。コースによって休みの日が異なります。中学生は試合がない日曜日は午前と午後の2部練習の場合があります。以前は朝6時半から練習をやっていたこともあるんです。それだと睡眠時間を削らないといけないわけです。子どももコーチも眠いし、そもそも体に良くないだろうと。それで朝は8時から、午後は1時から開始にした経緯があります。

**原**　小中学生にとってはかなりハードな日程だと思いますが、皆さん、毎日休みなく通って来ますか。

**水野**　理想をいえば休みなく通ってほしいところですが、縛りはできませんからね。中には週3回、4回という子もいます。中学生になれば中間テスト、期末テストもありますし。そのあたりは個々の判断に任せています。

# 80人〜100人が選手コースに在籍

**原**　やはりＪＯＣで優勝したり、入賞したりする選手は普段から練習量が多いのでしょうか。

**水野**　いや、まったくそんなことはありません。もちろん少なくはないと思いますが、それでも一日に泳ぐ距離としたら3000〜3500mぐらいでしょうかね。

**原**　スイミングクラブによっては一日に4000m、5000m泳ぐケースもあるみたいですから、たしかに特別多いとはいえないかもしれませんね。

**水野**　そうでしょう。特に小学生のうちは無茶をさせない方針なんです。小学生のうちから何もかも詰め込んでいくとすぐに頭打ちになってしまう可能性がありますからね。そうなったとき、さらに量を増やすか、より内容をハードにするかという選択になってしまう。そうするとほとんどの場合、体がついていかなくなってしまうんですよ。だから小学生のうちは体の成長に合わせて小学生なりの練習をするということにしています。

**原**　それは精神的な成長も含めてと考えていいんでしょうか。

**水野**　そうです。体の成長、気持ちの成長、競技の成長を同じレベルでやっていくということです。

**原**　選手コースだと親御さんたちからのリクエストも多いのでは。

**水野**　個人でＪＯＣのタイムを切っている子が何人もいるので、リレーのメンバーを決めるときなどは難しいんですよ。親御さんにしても意識が高いので、それぞれがメンバーを考えたりするわけです。でも、基本的にはこちらがベストと思われる選考をして大会に臨んでいます。

**原**　羨ましい悩みですね。

**水野**　そうかもしれません。こんなことを言ったらいけないのかもしれませんが、Ｂチーム、Ｃチームまで出場させてくれればいいんですが、そうもいきませんからね。

**原**　藤村ＳＳさんの場合、小学生以上の選手コースには何人ぐらい在籍しているのでしょうか。

**水野**　必ず試合に出る子だけでも80人〜１００人といったところでしょうか。会員数が１７００人ぐらいで、そのうち１０００人ぐらいがお子さんですから、選手コースに進む子は10％未満ですね。５％から８％といったところでしょうか。速い子が多いのにこしたことはないんですが、多すぎても対応できなくなりますので。

## 浮かんだ状態で中心線がブレずに進めば速くなる

**水野**　保護者の話が出ましたが、藤村ＳＳでは年に2回、保護者会を開いています。

**原**　すごい人数になりそうですね。

**水野**　最初に全体の会を開き、そこではクラブ側の意向を伝え、大まかな育成方針などを話します。そのあとでクラス別に分けて懇談会をやるんです。いまの親御さんはいろんな情報を持っていますから、そこで意見交換になることもあります。どこそこのスイミングクラブはどのくらい泳いでいるとか、うちの子はもっと泳がせてほしいとか。でも、先ほども話しましたが藤村ＳＳは子どもの成長に合わせて無理なくやるという方針です。少なくとも子どもが練習に来て「きょうも楽しかった」と感じて帰ってほしいんです。中学生まではそうすべきだと私は考えています。

**原**　でも、実際は練習となったらキツいですよね。

## 子どもの成長に合わせて無理なくやる

親A

**ほかのスイミングクラブは○○泳いでいる**
（だからもっと泳がせてほしい）

親B

**うちの子はもっと泳がせてほしい**

**中学生までは**
**「きょうも楽しかった」と**
**言って帰ってほしい**

**友だちと競争すればいい**

## 水泳が好きな子は伸びる可能性がある

**本人がやりたくてやっている**

やらされていない

やりたければやったらいい

水野　そうかもしれませんが、子どもってすごいですよ。すぐにリカバリーしてしまいますから。例えば小学4年生ぐらいだと大会の空き時間に会場の外で遊んでいて招集に間に合わないとか、そんな子もいますからね。少し話が逸れますが小学生のうちは、私は競わせたらいいと思うんですよ。何秒で泳げたかということと自己ベストタイムを知っていることは大事ですが、あとは友だちと競争すればいいと思います。中学生もその延長みたいなものでいいんじゃないかと。受験が入ってくる中学3年あたりから少し楽しめなくなるのかな。

原　先ほど、全国大会で優勝するような子も練習で泳ぐ距離はほかの子と変わらないということでしたが、では何が違うのでしょうか。

水野　ひとつには、水泳が好きな子は伸びる可能性があるということです。例えば日曜日の場合、2時間の育成コースの練習後に一般開放の時間があるんですが、速くなる子は通常の練習をやったあとで、その時間に飛び込みやターンの練習を繰り返しています。

原　オーバートレーニングが心配になるほどですね。

水野　そうなんです。だからコーチの立場としては、ほんとうはセーブさせなくちゃいけないのかもしれませんね。

**原**　ほどほどのところでストップをかけるんですか。

**水野**　いや、それはしません。だって本人は確認したいことがあってやっているんだろうし、肉体的な許容量には個人差がありますから。例えば勉強が好きな子は気になることが出てきたら時間を考えずに徹底的に調べますよね。それと同じだと思います。

**原**　そう言われればそうかもしれません。

**水野**　あとは指導者がきちんと基本を教えられるかどうかだと思います。理屈で説明すれば、水泳は抵抗の問題なのでブレながら泳ぐと遅くなり、体が沈んでいても抵抗を受けて遅くなるわけです。浮かんだ状態で中心線がブレないまま真っすぐに進めば速くなるという理屈になります。

**原**　でも、それがなかなかできないんですよね。

**水野**　そこが指導の問題なんです。もちろん本人の能力の問題もあります。

**原**　教えなくても、それが自然にできてしまう子どももいるんでしょうか。

**水野**　います、20人に1人ぐらいはいますよ。例えば小さい子に腕立て伏せをやらせた場合、多くの子はお腹を下げたまま肩から頭を上げてしまうはずなんです。でも、中には教えなくても体を真っすぐにしたまま肩から頭を上げる子もいるんです。体幹が強いというんですかね、そういう子は素質がありますね。あとは立ち姿勢がいい子

## 基本姿勢を見る

**浮かんだ状態で中心線がブレないまま**

**真っすぐに進めば速くなる**

関節に無理がないように
腕と足の連続運動になっているかどうか

普段から姿勢は重要
立ち姿勢がいいことも大切

ですね。

**原**　そうところもチェックしているんですね。

**水野**　私は見ますが、ほかのコーチがチェックしているかどうかはわかりません。猫背や姿勢の悪い子は水に入って頭から前に進む際にそれだけで抵抗があるわけですから、やはり普段から姿勢は重要ですよ。両腕を伸ばしてビート板を持って水に浮いている姿をイメージしてください。バタ足をして前に進もうとするとき、お腹が沈んでいたらそれだけでも余計な抵抗がかかりますよね。あと、水泳は連続運動なので足もずっと動かしているわけです。関節に無理がないように腕と足の連続運動になっているかどうかも見ます。

## 大きな声を張り上げる応援団長はNG

**原**　少し話が戻りますが、小学生、中学生の段階でぎちぎちに詰め込まないという指導は、伸びしろを残しておくという意味が大きいのでしょうか。

**水野**　私たちには、泳いでいる子たちにずっと水泳を好きでいてほしいという思いがあります。スイミングクラブに来たときに「楽しかった」という気持ちを毎日持ち続けてほしいんです。それは選手にとってはモチベーションにもなるわけですから。少なくとも中学生まではそうあってほしいなと。そこから先になると小学生、中学生のときほどは伸びなくなるケースがほとんどなんです。そのときにしっかり記録と自分に向き合えるか、心も成長してきたのかどうかという問題が出てくるわけです。

**原**　いろんな意味で子どもから大人になる過渡期で、体と気持ちのバランスをとるのが難しい時期かもしれませんね。

**水野**　そんなときこそお父さん、お母さん、祖父母が応援してあげてほしいんです。水泳に関して親はコーチにならなくていいんです。水泳の指導はこちらに任せてくださいと。

**原**　そういった話も保護者とするんですか。

**水野**　します。小学3年生や4年生は親の言うことを聞きますが、これが中学生になったら言うことを聞かなくなるんですよと。いまならいっしょにお風呂に入れるけれど、中学生になったらいっしょに入らなくなるでしょう、それと同じですと。初めての子育てだと理解するのが難しいと思うんですよ。経験がないんだから。ただ、いつまでも9歳じゃない、いつまでも13歳じゃないということは頭において、自立の方向に向けていったほうがいいと思います。それで高校生ぐらいになって迷ってきたら力になってあげればいいんです。その一方、しっかり見てはいるけれど口は出さない人もいます。そういう親の子は早く自立しますね。存在としての応援団長はいいんですが、あまり大きな声を張り上げる応援団長はどうなんでしょうかね（笑）。

## 速くなる子、そうではない子はコーチの腕しだい

**原**　これまでコーチが見てきた水泳選手の中で「この人は天才だ！」と思った人はいますか。

**水野**　池江璃花子さんですね。彼女が中学生のときに泳いでいるのを見たんですが、ひとりだけ次元の違う泳ぎをしていました。体も大きかったし、中学生の中で大人が泳いでいる感じでした。この子は水泳をやるために生まれてきたんだろうなって思いました。

**原**　藤村ＳＳさんには？

**水野**　うちにも可能性を秘めた子は何人かいます。まだ成長途上なので先のことはわかりませんが、でも順調に成長していっているので楽しみです。先ほども出た話ですが、そういう子は努力もしているんですよね。しっかり結果を出していても自分で納

得できないと「足の蹴りはどうでしたか？」とか聞いてくる子もいます。

**原**　池江さんのレベルはともかくとして、「この子は速くなりそうだな」という子はどれくらいの割合でいるものなのでしょうか。

**水野**　例えば15人いたとすれば、2人ぐらいは誰が見てもうまくなると感じる子はいます。逆に泳げるまで時間がかかりそうだなという子も2、3人はいます。その中間に10人ぐらいいるんですが、その中にも腕のいいコーチが指導すれば3ヵ月、腕の悪いコーチが指導した場合は泳げるまで6ヵ月かかるなという子がいるわけです。これは確率論ですね。

## タイムが悪いときは黙って見ていることが多い

**原**　これだけの実績を残していると練習を見学に来るコーチや関係者も多いのではないですか。

**水野**　はい、見学にいらっしゃるコーチはいます。で、来て練習を見て皆さんが感じるのは「練習量が少ないんじゃない？」ということだったり、「ほんとうはもっと練習しているのに、見学に来たから減らしたんじゃないの」とか（笑）。いつもと同じ

## タイムが悪いとき　コーチは叱責しない

**静観する**

最低限の
アドバイスに留め、
良かった点を褒める

叱責したら
全体の雰囲気が悪くなり
みんなが辛くなるから、

**叱責しない**

ことをやっているだけなんですけどね。

**原**　普段の練習のとき、水野さんは指導を担当している子どもたちにどんな声がけをするんですか。

**水野**　タイムが遅い子を叱責することはしません。コーチの立場で見たら〈なんでこんなに遅いタイムなんだろう?〉と思うことはありますが。代わりに速く泳げたら「速いね」と声をかけます。責めて速く泳げるようになるんだったらいくらでも責めますが、そうはならない。だったら雰囲気が悪くならないように努めたほうがいいですよね。だから選手のタイムが悪いときは黙って見ていることが多いです。たまに「腰が下がっているんじゃない?」「ターンが良くなかったけれど泳ぎそのものはいいよ」とか、簡単な声がけとアドバイスをすることはありますが。

**原**　その域に辿り着くまでは紆余曲折があったことと思います。

**水野**　練習中に誰かを叱ると全体の雰囲気が悪くなりますよね。そうなるとほかの子どもたちも水泳が楽しくなくなります。だったら責めるのではなく静観して最低限のアドバイスに留めるほうがいいじゃないですか。そうすれば子どもも察して「次は何秒で泳ごう」となりますから。いろんなやり方を試しましたが、やっぱり雰囲気が良くなったほうがいい結果が出るんですよ。雰囲気が悪いとこちらも辛いです。悪い点の指摘は最低限に留め、良かった点を褒めないと次に繋がらないと思うんですよ。もちろん、これらは基礎的な技術がマスターできていることが前提です。基本ができていないと何も身につきませんから。

**原**　練習メニューなども試行錯誤してきたわけですね。

**水野**　以前、全力で泳ぐ練習を10本やっていたときもあったんですが、そうすると例えば１本目と10本目は速いけれど、ほかはタイムが落ちるケースが多かったんです。子どもたちも「コーチ、10本は多いですよ」と。「じゃあ５本ならいけるか？」と聞いたら「いける」と。それで４本か５本に減らしたという経緯があります。よそのスイミングクラブのコーチが練習を見学に来てもそのメニューをやるので、「少ないんじゃないの？」「今日は調整用の練習なんですか？」となるわけです。

**原**　やはり少なく感じるんですね。

**水野**　これは私の考えになりますが、練習のときに泳ぐ距離は選手の速い、遅いということにあまり関係ないんじゃないかと思うんです。大事なのは選手が「やれる！」と思えるかどうかなんじゃないかと。５０００ｍ、あるいは６０００ｍ泳いでいるから大丈夫ということではなくて、ハードな練習を４本、５本でも「頑張れた、やれる！」という成功体験が心を安定させるんじゃないかと思うんですよ。

# 年間20～30回の大会出場

**原**　選手コースの子たちは、どのくらいの頻度で大会に出るのでしょうか。

**水野**　だいたい年間で出場する大会は決まっています。例えば東京ならば2月は毎週が試合（大会）だったし、JOC全国大会が行われる3月はないし、4月は2回、5月は1回、7月は2回……大雑把な計算ですが全国大会を含めて年間20回から30回といったところじゃないでしょうか。神奈川県も似たようなものだと思います。

**原**　参加費もかかりますので保護者の負担も少なくはないですよね。

**水野**　そうですね。いまはコロナ禍の前よりも参加費が値上がりしていますので負担額は上がっていますね。

**原**　これは水泳に限ったことではなく、例えば野球でもサッカーでもバスケットボールでもバドミントンでも親の負担は小さくはないですよね。

**水野**　水泳の場合、以前よりも水着の値段が高くなりました。大きな大会に出るような子はできるだけ質のいい水着を着たいという希望がありますから、そうなると女子の場合は一着3万円とか4万円かかる場合があります。

**原**　それも一着ではなく大会に出る場合は数着持っている子が多いですからね。

**水野**　レース用水着は最低でも2着は必要ですからね。

**原**　ところで、選手コースに進む子はそもそも規定タイムを切るぐらいですから速く泳げることが前提になりますが、年齢の上昇とタイムの上昇が比例しなくなる場合も出てくると思います。その場合は選手コースを外れて一般コースに戻ることになるんですか。

**水野**　いや、これは藤村ＳＳの場合ですが、中学生になると1年ごとに基準タイムが設定してあり、学年が変わるごとに測定し直すわけです。そのときにタイムが切れていない場合は、選手コースのレベルに達していないという判断になりますので、育成コースをというか藤村ＳＳをやめてもらいます。

**原**　藤村スイミングクラブをやめなくてはいけないということですか。ずいぶん厳しいですね。

**水野**　それがあるので選手コースの子たちはのんびりやっているわけにはいかないんです。うちだけではなくて、ほかにも同じようなシステムでやっているスイミングクラブはあるみたいですよ。

**原**　少なくとも私の孫が通っているスイミングクラブは入るときも設定タイムはな

## 選手コースは「選手としての覚悟」が必要

選手コースに在籍する選手の

出場大会数は「**年間20～30回**」

中学生になると**1年ごと**に

「**基準タイム**」が設定してあるので、

学年が変わるごとに測定する

「基準タイム」に到達しない場合

**選手コースのレベルに**

**達していないため退会となる**

いし、年齢が上がるたびにハードルを設けるということもないと聞いています。

**水野**　そういうシステムのスイミングクラブが大半だと思います。

**原**　言葉が適切かどうかわかりませんが、退路を断つ覚悟が必要だということになりますかね。

**水野**　選手としての覚悟は必要かと思いますね。

**原**　その子たちが水泳を続ける場合は別のスイミングクラブに移籍することになるのでしょうか。

**水野**　はい。希望があれば、受け入れてくれるクラブがあるかもしれないから連絡をするなどのフォローはします。ただし、水泳を続けていく希望があれば、です。私のほうからは言いません。そこがポイントです。

**原**　逆に規定タイムを切っていれば練習に通う回数が少なくても問題ないのでしょうか。

**水野**　いろんな事情があって通えないこともあるでしょうし、ときには体調が悪いとか負傷を抱えている場合もあるでしょうから、基本的にはその子の自主性に任せています。練習のときの最低限のアドバイスはしますが、頑張れない子には頑張れないだけのその子の事情があるのだろうし、無理やり頑張らせることはしません。あくまでも自主性に任せています。尻を叩くことはしません。

## タイムが伸びないときは目先を変えたり気分転換も必要

**原**　どんなに頑張っても記録が伸びないときはあると思います。そんなときはどんなアドバイスをしているのでしょうか。

**水野**　水泳は自由形、平泳ぎ、バタフライ、背泳ぎと4種目ありますから、得意な種目のタイムが伸びないときはほかの種目を頑張ってみるとかね。目先を変えるというか気分転換というか。まず4つとも伸びないということはありませんから。そのためにも4種目をまんべんなくやっていたほうがいいんですよ。あまり得意ではなかった種目でもタイムが伸びると、「これ、いいんじゃないの！」と声をかけることがあります。良くないのに気分を乗せるため根拠のないリップサービスで言うのはダメですよ。その代わり、ほんとうにいいときに褒めると選手も自信になりますからね。

**原**　水野さんの魔法の言葉、でしょうか。

**水野**　いや、魔法の言葉なんてないですよ。でも、人間の心理ってありますからね。特に子どもの場合は自信を得るのと、失くすとの違いは大きいですね。先ほども言いましたが、口先だけの声がけは逆効果で、ほんとうにそう思っていないと子どももわかりますからね。さんざん泳いできている子たちなので。

**原**　逆に伸びてきている子にはどんな声がけをするんですか。

**水野**　いや、特に声はかけません。ただ、毎年4月にひとり30分ぐらいの面接をするので、何を目標にすればいいかわからないという子には「いまのあなたのタイムから考えるとこれぐらいを目指せばいいんじゃない？」をいう話はします。それぐらいです。伸びるときは伸びますから。

## 第4章の習慣（まとめ）

28 技術面や精神面を向上させるためには楽しみながら練習すること

29 体の成長、気持ちの成長、競技の成長を同じレベルでやっていくことが重要

30 水泳が好きな子は伸びる可能性がある

31 成功体験が子どもの心を安定させる

32 選手としての覚悟は必要

33 自信を得るのと失くすのとの違いは大きい

# 第5章

# どうしたら勉強と両立ができますか？

水泳部顧問　山本智志さんに聞く

競技者として水泳をやっている人、また健康や体力増強のために泳いでいる人の中には小学生、中学生、高校生がたくさんいる。彼ら、彼女らの多くは学業との両立というテーマと向き合っている。「二兎を追う者は一兎をも得ず」という諺がある一方、「二足の草鞋（わらじ）を履く」という諺もある。いや二刀流の方がわかりやすいだろうか。さすがに日常の中で草鞋を履いている人は見かけないが、できることならば綺麗でお洒落でサイズの合った二つの草鞋（この場合は学業と水泳）を持っていたいというのが多くの人の希望であろう。

学校の授業が終わってからスイミングスクールに通うという人が圧倒的に多そうだが、中には学校の部活動である水泳部に属す生徒もいる。部活を選べば一ヵ所で両方が完結するのだから、学生にとっては理想的なパターンのひとつといっていいのかもしれない。

この項では学習院女子中等科・高等科の教諭で同校水泳部顧問、そして東京都高等学校体育連盟水泳専門部委員長の山本智志さんに話を伺った。部活動の現場、実情、部活動の良さ、一方でどんな課題やジレンマを抱えているのだろうか。

［補足］このパートには著者の知り合いの40代ご夫婦にも加わっていただいています。お子さんは小学５年生の女の子。水泳教室に通って２年目。水泳を続けたいと考えています。

# 中学から始めても泳げるようになる

**原**　別の項でも触れているのですが、さまざまなアンケートを見ると子どものときの習い事として水泳は不動の1位にいます。山本さんの感触としてもやはりそうでしょうか。

**山本**　そうですね。うちの学校の生徒や受験生を見ても水泳をやっていたという子は多いです。

**原**　ただ、小学生のときに水泳をやっていても中学受験をする生徒は、高学年になると受験に専念するためにやめてしまうケースが多いとも聞いています。そんな傾向はありますか。

**山本**　はい。中学受験をする子だと小学4年、あるいは5年ぐらいで受験モードに入っていくことが多く、そのあたりで水泳に関してはひと区切りつけてやめてしまうケースが多いみたいです。

**母親**　実はそこが悩みの種で、水泳を続けながら受験をするということが可能かどうかと。そういう子どもは少ないでしょうか。

## 学校の部活動 vs. スイミングクラブ比較表

| 学校の部活動 | 項目 | スイミングクラブ |
|---|---|---|
| 部費や用具代 | 費用 | 月謝、用具代 |
| 授業終了後の限られた時間、週４回程度、学校行事や考査など制約あり | 練習時間・頻度 | コースにより週1～6回練習時間も長め |
| 顧問の先生＋外部コーチの場合も | 指導体制 | 専門のコーチ陣による指導 |
| 学校内で完結し、送迎不要 | 移動・送迎 | 送迎が必要な場合あり |
| 同級生中心、先輩後輩との縦のつながり | 人間関係 | 同年代中心、様々な学校・年齢の子どもと交流 |
| 学校のプールを使用（施設規模は学校による） | 施設 | 専用プール（施設規模・設備はクラブによる） |
| 学校対抗戦、都県の公式大会、地域ブロック大会、全国大会 | 大会出場機会 | ジュニアの様々なレース、ジュニアオリンピック |

※表の内容は一般的な傾向であり、学校やスイミングクラブによって異なる場合あり
※水泳以外の部活動にも共通する項目もある

**山本**　先ほどお話ししたように、傾向としては小学生の高学年で勉強に専念する子が多いのは事実です。もちろん水泳を続けながら受験の準備をする子もいます。特にスイミングクラブの選手コース（育成コース）で泳いでいる子はそうですね。

**原**　先生のところはいかがですか。

**山本**　うちの学校を受験する子の場合は、選手コース（育成コース）でやっていた子は少ないです。

**原**　小学生の中でも４年、５年、６年生というと、勉強だけでなく水泳も伸び盛りの時期ですよね。

**山本**　そうなんです。水泳を中心にして見ると少し残念なことではあるのですが、仕方ないですね。広く一般的に見ると、水泳も勉強も両方頑張りながらやっている子も多いのですが、うちの学校の受験生、入学した生徒に限定すると、いったん水泳をやめるというケースが目立ちます。

**原**　同じ習い事でも、それまで水泳を習っていた子が学習塾にシフトするということなんでしょうか。

**母親**　私の周りにいる同じ状況の親御さんの話を聞いても、それぞれです。皆さん悩まれていて。できるだけ子どもの考えも尊重しながら良い方法を探しています。

**山本**　たしかなデータがあるわけではないのですが、公立中学に進む場合は水泳に限らず、習い事を続けている子が多いと感じます。一方で東京都の私立中学を受験しようという希望のある子は、5年、6年での学習塾通いが増えていき、特に6年生の場合は完全に受験モードに入るようです。ただ、水泳も続けるという選択もあると思います。その場合、それまで週に3回、4回通っていたところを週1回に減らすとか、そういう子もいるようですよ。

**原**　受験が終わって合格して入学しました。それで中学校の水泳部に入って再び泳ぐという子もいますよね。

**山本**　もちろんです。

**母親**　どんな準備を考えておけばよろしいですか？

**山本**　スイミングクラブで週に4回、5回泳いでいたという子もいれば、それほど泳げないけれどしっかり泳げるようになりたいと言って入部する子もいます。部活動の場合は、部活に入るというハードルは決して高くはありません。受験で練習を休んでいた期間があると一時的に体力は落ちるかもしれませんが、中学に入って練習を再開すれば戻りますから。だから安心して入って来てほしいです。

**母親**　お聞きしてよかったです。この話は子どもに伝えておきたいです。

**原**　たしかに山本先生の話を伺っていると、そこで水泳が初めてという子も入りやすそうな気がします。

**山本**　水泳はやっていればいくらでも速く泳げるようになります。ある程度まで速くなってからはいろいろ工夫をしないとタイムが伸びないけれど、そこも面白いところです。

**原**　先ほど、それほど泳げなくても……という話がありましたが、まったく泳げなくても中学から水泳部に入るというケースもありますか。

**山本**　あります。大丈夫です。泳げるようになりますから。

**原**　中学から部活動で水泳を始めるというのは遅いスタートのように思いますが、どうでしょうか。

**山本**　スイミングクラブの場合はベビースイミングなどもあって0歳、1歳、2歳、3歳と早い時期にスタートします。確かに中学生で水泳を始めるというのは遅いほうですよね。でも、続けていけば必ず泳げるようになりますし、上達もします。私たちにとっても泳げなかった子が泳げるようになるのはすごくうれしいことですし、やりがいの部分でもあるのです。指導している側にとっては、タイムがどうこうということとは違う醍醐味がありますよ。

## 学校の部活動ならではのメリット

父親　山本先生は長年、部活動に携わっていらっしゃいますが、スイミングクラブとは異なる部活（水泳部）のメリットは何だと考えておられますか。
山本　まずは月謝が不要だということを先にお伝えしましょう。
父親　確かにそうですね。スイミングクラブではコースにもよりますが月に1万円前後はかかります。
山本　その負担がないだけでも大きいと思います。学校での部活動ですからレッスン料は不要ですからね。かかる経費としては部費（月200円程度）と自分の用具代ぐらいではないでしょうか。チームの水着やジャージなどまあかかりますが。ジャージなどは6年間使用できますからね。
父親　あとは大会に出場する場合のエントリー費がかかりますね。
山本　それに関しても、学校によっては公式大会のエントリー費を補助するところもあります。
原　スイミングクラブに通う場合は学校の授業が終わってからいったん帰宅。時間を調整してから泳ぎに行くという行動パターンになると思います。そこで親は送迎の必要がある場合があります。一方で部活動は時間のロスも少なく済みますね。

**山本**　そのメリットもあります。授業を終えてから移動を挟まずに活動ができますから。親御さんはお仕事があって送迎の調整をしたり、他にもお子さんがいれば体はひとつですから、時間のやりくりに頭を悩ませなければなりません。しかし部活であれば学校にいますから、そこに子どもにとっても親にとっても時間が生まれます。学校帰りに塾に寄ったり、学業や行事の準備などに時間を充てることができます。

**原**　水泳に限ったことではないと思いますが、部活動をやっていると同輩、先輩、後輩という関係性にも自然に慣れていくのではないでしょうか。

**父親**　それは私も経験があるので、部活の良いところだと思っているんです。

**山本**　それこそ部活動のメリット、大きなプラス面だと思います。学校にひとつの居場所ができるというのは子どもたちにとってとても重要なことです。３年間をともにする仲間ができる。同級生の仲間ができるだけでなく、上下の年齢の人たちとの間にも仲間意識が芽生えます。それも部活動の大きな特徴です。仲間という存在は何かを続けていく上で支えになります。そして部活動をやりきって卒業となれば、その人たちにとっては人生の宝ものになるものと思います。

## 「私もあんな人になりたい」という憧れ

**父親**　水泳に限ったことではないと思いますが、小学生、中学生、高校生と水泳を続けていくと仮定すると、学業との両立が大きなテーマになっていきます。その観点で水泳がもたらす効果についても伺いたいです。

**山本**　プラス面はたくさんありますね。ひとつは体を動かすことが脳の活性化に繋がるという点です。それから、水泳をやっていると睡眠の質が良くなるんでしょうね、ぐっすり眠れるという話はよく聞きます。子どもにとって生活にリズムができるという点も大きなプラス面ですね。

**母親**　限られた一日の24時間の中で勉強、運動（水泳）、睡眠、余暇と時間を効率よく大事に使わないとダラダラの生活になってしまいますよね。

**山本**　小学生の高学年から中学にかけての間で、これはけっこう大事なことです。親から言われてスケジュールを立てるのではなく、自主的にいろんなものを組まなくちゃいけない年ごろになってきているので。水泳をやっているから、ということではないにしても時間のやりくりは大事なことです。

## 水泳がもたらす好循環のイメージ図

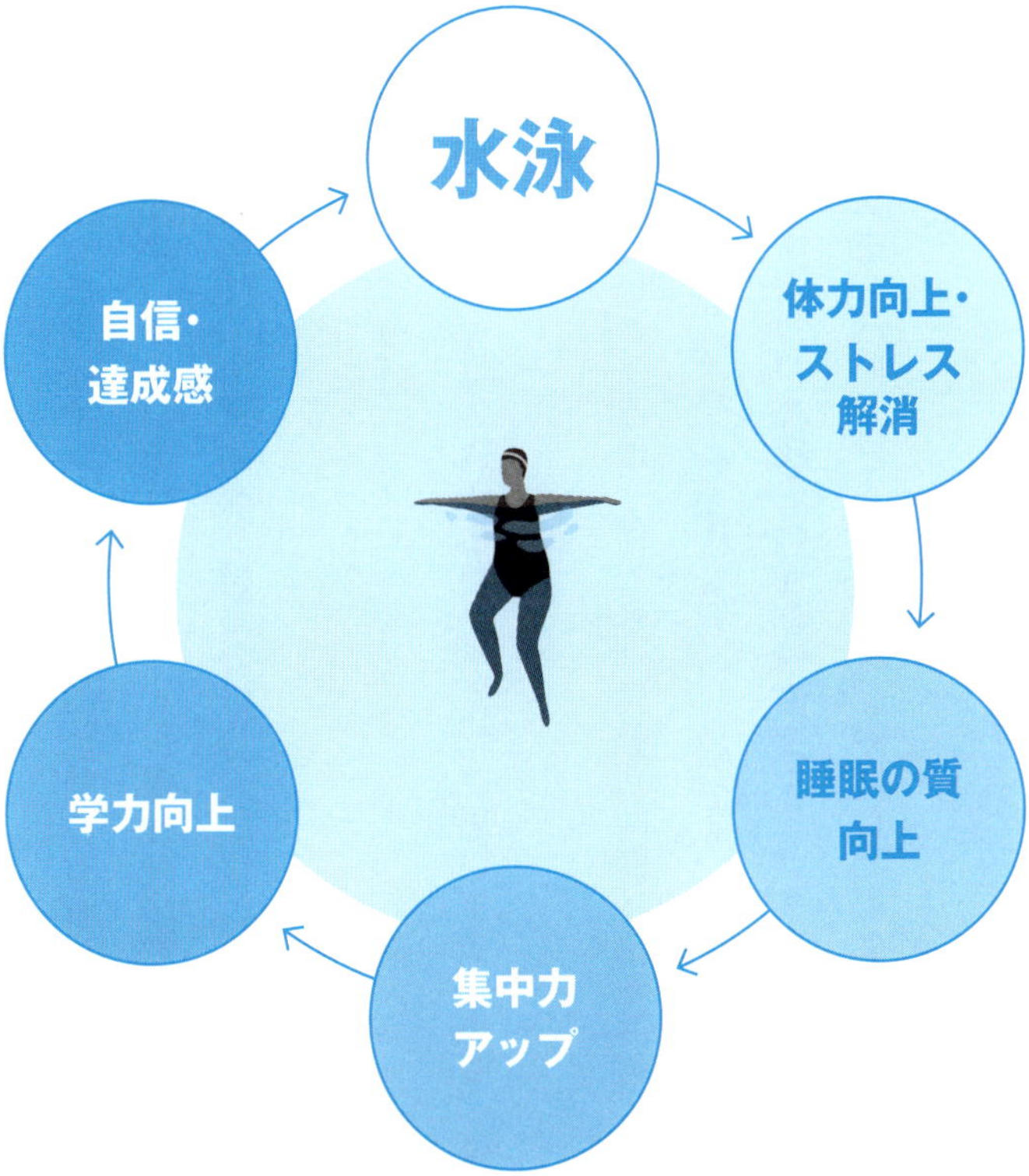

**原**　その時間のやりくりを自分ですることで自然に集中力が身につくとも言われますね。

**山本**　そうですね。うちの学校では、ほとんど部活動に所属している一方で、勉強もしっかりしている人が多いです。それだけでなく、委員会活動であったり、運動会や文化祭などの行事に本当に一生懸命取り組んでいる人がほとんどで、ほぼ全員が忙しく学校生活を送っていると思います。

**父親**　みんな忙しいんですね。

**原**　時間を大事に使うことは大人でもたいへんだと思います。先輩、後輩の関係性はいかがですか。

**山本**　学校の部活動のいいところは、何でも一生懸命に取り組み活躍している先輩がいて、それを後輩の子たちが間近で見ているという点です。「私もあんな人になりたい」と刺激されて目指しますよね。高校生に憧れる中学生という図式なんですかね。学年が違ってもお互いを尊重し合い、けっこうみんな仲良しですよ。

# 授業の中に入っている「水泳」

**母親**　あらためて山本先生の中学校の部活動の内容をもう少し詳しく教えていただけますか。これは親、保護者にとってもっとも知っておきたいテーマのひとつです。

**山本**　先ほどもお話ししたとおり、学校での部活動のメリットのひとつに月謝が不要という点が挙げられます。加えて私たちの学校の場合、25ｍ×7レーンの室内温水プールがあるので一年を通して泳げます。

**原**　7レーンもあるんですね。一般のスイミングクラブでも6レーンのところが多いと思います。

**山本**　そうですよね。まずは施設という点で恵まれていると思います。私たちの学校では保健体育の授業で通年で水泳を行っています。

**原**　通年ということは冬でも授業を行うのですか？

**山本**　そうです。水泳が苦手な子も泳ぎを忘れないので上達が早いです

**原**　そして、好むと好まざるとに関わらず生徒の全員が水泳をやるということですね。

**山本**　そうです。ですから水泳部ではなくても授業の中で水泳を習うことができるというわけです。入学したときに泳げなかった子が卒業するときにはしっかり泳げるようになっているケースはたくさんあります。ほとんどの子が卒業時には泳げるんじゃないですかね。

**原**　そのプールを使用して放課後に部活動をするんですね。

**山本**　そうです。部員は中等科（中学）と高等科（高校）の6学年がいっしょです。でも、少し練習日がずれていて、中等科が月水金土で、高等科は火水金土になっています。月曜日は中学生だけ、火曜日は高校生だけで練習です。いずれも週に4回の練習を行っています。

**母親**　部員は何人ぐらいいますか。

**山本**　中学生だと1学年10人前後です。

**母親**　指導は山本先生が担当していますか。

**山本**　はい、練習メニューはひとりで作成していますが、土曜日には30年いっしょにやっていただいている社会人コーチが指導に来てくれます。それに大学生コーチが手伝ってくれる感じです。ほかの顧問の先生方も練習のようすを見に来ていただき、選手に声をかけていただいて、ありがたいです。

**母親**　授業が終わったあとの練習だと思いますが、どれくらい行うのでしょうか。

**山本**　私たちの学校では遠方から通学している人のことも考慮して、夕方5時半には校門を出ていないといけないんです。そうすると、例えば中等科の場合は午後3時に6限（授業）が終わり、終礼と掃除などがあるため、部活動はだいたい3時40分ぐらいに始めることになります。さらに冬場は退出時刻が5時なので、練習時間は実質1時間ぐらいになってしまうときもあります。

**原**　あと30分ぐらいは欲しい気がしますね。その中でメニューを組んでいかないといけないわけですね。

**山本**　そうなんです。短い時間なので、練習の質を高めないとなかなか速くなりません。しかし、追い込むオールアウトの練習だったり、インターバル練習を適正サークルでまわったり、ターゲットのタイムで泳いでくるような練習は各レーンにコーチがついていないと、自分たちで自主的に練習の意味を考えて泳がなくてはいけません。そのためには速くなるための一人ひとりのモチベーションの大きさが大切になってきます。部活動はそういう雰囲気をチームで作っていくことを大事にしていきたいですね。

**母親**　もちろん先生がいないときに生徒が勝手にプールに入ることはできないんで

すよね。

**山本**　そうです。監視員が常駐するプールではありませんから。ほかの競技の部活動では、朝の自主練があるところもありますが、水泳は私がいないと勝手にプールには入れません。

**母親**　定期テストの前の部活動はどうされていますか。

**山本**　はい。中間考査、期末考査の1週間前から考査終了まで、部活動はできない決まりです。水泳の側から見ると、そこで一時的にモチベーションや体力や水感覚が落ちてしまうのが心配なんですが。せめてストレッチをしたり、自重トレーニングなどで基礎体力くらいはキープしておいてほしいと思っています。

## 学校を代表して大会に出場

**父親**　スイミングクラブに通っている場合、レベルに応じて出場できる大会がありますが、学校の部活動の所属で出場できる大会について教えてください。

**山本**　中学生の場合は学校単位で出場できる都大会が2つあります。ひとつは東京都中学校選手権、もうひとつが毎年9月に開催される学年別大会があります。2021

年の東京オリンピック競泳会場にもなった辰巳の東京アクアティクスセンター（東京・江東区）で行われます。ただ大会に出場するためには制限タイムがあるので、まずはそのタイムを切れるように頑張ります。

**原**　私学の場合、ほかの学校との対抗戦もあると聞きました。

**山本**　はい、うちの場合だと筑波大学附属さんや成城学園さん、青山学院さんとの定期戦を行わせていただいています。一種目につき各学校から3人出場、1位から6位まで点数をつけて総合点で各学校の順位を決めます。そうすると自分の専門、得意とするスタイル（種目）だけでなく2番目、3番目のスタイルで出場することもあります。1位を取れなくても2位、3位、4位で得点するとか。そういうチーム全体を見て出場種目を決めます。あとは部内紅白戦ですね。運営は高校生にお任せしてます。

**父親**　高校生になれば、さらに大会はたくさんありそうですね。

**山本**　はい。都の大会として5月の春季大会、6月に東京都高等学校選手権があります。これは関東大会やインターハイ（全国高等学校総合体育大会）に繋がる大会ですね。そして、9月に新人戦と長水路記録会があります。長水路記録会は制限タイムがなく登録している選手ならば誰でも出場できますが、うちはだいたい運動会と重なってしまうので出場することはほとんどないです。2月に短水路記録会というこれも制限タイムのない大会があります。都大会はすべてアクアティクスセンターで行います。

**原**　高校生にとっては、インターハイは最高の舞台ですよね。

**山本**　高校生の最高峰の大会です。都の委員長として近年同行することが多いですが、全国からトップの高校選手たちが集まって全力で泳ぐ大会ですから圧巻です。その中でも決勝にいく選手、ナショナルチームに入る選手と、世の中にはもっともっと速い選手がいくらでもいるんだなと感じる大会です。都大会以外では、6月には筑波大学附属高校との総合定期戦という、歴史ある各部活対抗の対抗戦があります。実行委員、応援団やチアなども含めて学校全体で応援しますので、学校部活動ならではの対抗戦というべきものでしょうか。ただ、高校3年生はこの大会が終わると引退という子が多いんです。8月には32校参加する大きな非公認大会で「16校大会」というものがあります。これは各学校のOB、OGが準備、運営し、各学校の3年生はこれで引退する選手も多く、全力で泳いでいてとても雰囲気のいい大会です。そこで感極まって泣いてしまう人が多い大会でもあります。

**原**　先ほど6月に部活引退という話がありましたが、少し早いように感じられて、先生は引き止めないのですか。

**山本**　私も早いと思っていますので、「9月まで続けてみたら」と提案はします。でも強制はしません。

**父親**　学校の部活動だからこそ味わえるものってありますか。

**山本**　学校対抗戦など、総合得点で勝ち負けも決めるのでチームのために頑張るわけです。見ていると自分のためだけでなく仲間のために泳ぐほうが力が出るようです。看板を掲げて泳ぐのはスイミングクラブも学校の部活動もいっしょだと思います。

## 才能があってもある程度の練習量は必要

**原**　先生が指導していて才能を感じる子もいますか。

**山本**　いますよ。都大会で決勝まで行くか行かないかという人がいます。その上の関東大会出場となると難しいですね。でも、逆の言い方をすればうちの部活動の練習量で都大会決勝まで行くということはすごいことだと思います。水泳の場合、ある程度の練習量は必要ですから。才能ももちろんですが、限られた時間の中でものすごく努力しているということだと思います。

**母親**　部活動とは別にスイミングクラブに通っている人もいますか。

**山本**　両方やっている人もいますよ。学校の部活動のない曜日にスイミングクラブに行って練習するパターンですね。あとは普段は部活動に参加しないでスイミングクラブで泳いで、大会に出るときは部活動の所属として出場する人も2人います。

**父親** それだけ泳いでいるとタイムも上がってきそうですね。

**山本** はい、いいタイムを出しますね。ただ、そうなると関東大会出場や高校生の場合はインターハイ出場が目標になってきますので、超えるべきハードルはそれなりに高くなってきます。一方、部活動だけでなんとかタイムを伸ばしてあげたいけれど時間に制限があります。せめてあと1時間、練習時間を延ばしてほしいところですが……そのようなジレンマのようなものは私の中にはあります。

**原** 一定時期だけでも活動時間が延びないものなんでしょうか。

**山本** 課題があったり、ほかの習い事をしている生徒もいることを考えると、学校としてこれ以上は増やせないですね。

**原** 学業との両立とも考えなければなりませんから、難しい問題ですよね。

**山本** これはうちの部の場合ですが、優先順位でいうと勉強や行事に重点を置く人が多い傾向があります。

**父親** あくまでも水泳を中心に考えた場合の質問ですが、与えられた時間である1時間から1時間半×週4回の練習でタイムを上げるということは可能でしょうか。それとも難しいことでしょうか。

**山本**　実際には週４回の練習にも参加しない人もいます。それでタイムを上げるとなると難しいですよね。ただ、仮に週４回×１時間の練習だとしても、もっともっと質を高めればいくらでも速くなると私は思うんです。

## 沿道で小旗を振って応援――それが理想の距離感

**母親**　先生が見てきた子どもたちの中で上手に学業と部活動、水泳を両立した人もいますか。

**山本**　もちろんいますよ。そういう子は性格もあると思うんですが割とストイックですね。ここまでやらないと気が済まない、納得できるまでやりたいとか。あるいは勉強ができないのを水泳のせいにしたくないとか。そういう子に話を聞いてみたら、いわゆる〈隙間時間〉と呼ばれる合間の短い時間でも集中して何かをやるとか、そういう環境づくりが上手なんですね。自分で時間の管理ができます。勉強と水泳だけではなく、ほかにも学校内の委員をやるとか、プライベートにやりたいこともあるでしょうから、とても忙しいだろうと思うんです、でも、自分で工夫してこなしていますね。

**父親**　それはすごいですね。大人でも難しいことだと思いますから。

**山本**　私もそう思います。あとほかにも感心したことがあって、そういう人たちに共通しているのは親に感謝しているということです。それにとともに、親から「○○しなさい」あるいは「○○してはいけません」とか強要されたことがないというんです。逆に「やりたいと思ったことがあるならやってみなさい」と背中を押してくれるそうなんです。

**原**　親御さんも素晴らしいですね。

**父親**　これは私たちがしっかり受け止めておくべきお話だと思いました。お聞きできてよかったです。

**母親**　私も同じ気持ちです。

**山本**　親御さんにそんなふうに言ってもらえたら子どもは幸せだと思います。こうも言っていましたよ。それで最初は不安でも自分でやってみて、そしたらできた。そうしたら自信がつきますよ。そのあとは自分たちで頑張るにしても限界がありそうだと思ったら、次の段階として周囲の人に頼るんだそうです。先生だったり友だちだったり。

**原**　へぇー！

**山本**　別の人の場合も、やはり「勉強しなさい」と親から言われたことはないそうです。「水泳も勉強もすべて自分のためになることだから」ということで取り組んでいるそうです。また、成績が良くないのは「水泳をやってるから」とは言われないようにと頑張っているそうです。

**父親**　素晴らしいですね。

**原**　親のサポートの仕方というのは難しいですよね。私を含め、つい良かれと思って子どもに近づきすぎる親が多いと思います。

**母親**　よくわかります。

**山本**　そこなんですよね。我が子に対して親ができるサポートはいろいろあると思うんですが、マラソンのときに沿道で旗を振って応援している人がいますよね。あれぐらいの距離感がいいんじゃないかとうちの学校では保護者会で伝えています。言うのは必要最低限のことに留め、あとは主体性を育てるのがいいんじゃないかと思うんですよ。

**原**　出過ぎてもいけない、引っ込み過ぎてもいけない。適度な距離をキープしていく。難しいことだと思んですが、それがものすごく大事だということはよくわかります。

## 親のサポートの距離感

マラソン大会で
沿道から小旗を振って声援を送る
観客とランナーの関係のように、
**「適度な距離感」**を
保ちたい

**父親**　大会があるときに生徒たちの親、保護者は応援に来ますか。どの程度観に行っていいものでしょうか。

**山本**　ぜひ来てください。いまのお母さん、お父さんたちは本当によく観てくれます。子どもたちは観てもらったらやっぱりうれしいですよ。ただ先ほども申し上げましたが、適度な距離感が大事です。声を出して応援する。いいタイムが出たらいっしょに喜ぶ。出なかったら、いっしょに悔しがる、でいいんじゃないですかね。子どもとの距離感でもう一つ。練習に頑張っているとき、ベストが出たときのご褒美は必要ないと考えます。ご褒美をもらうことが目的となってしまいます。いちばんのご褒美は頑張った結果ベストが出たり、レースでよい結果が出ることですから。それを親がいっしょに喜んであげてください。そして、さらなるベストが次のご褒美になるわけです。

## 「一日は1440分」の考え

**山本**　先ほど出てきた勉強と水泳を両立している子どもたちの話をもう少ししてもいいでしょうか。

**父親**　お願いいたします。

**山本**　自分で時間の管理ができるという話をしましたが、その子どもに詳しく聞くと、「先生、誰でも一日は60分×24時間で1440分だから、時間はみんなにとって平等ですよね。だったらその時間は有効に使ったほうがいいですもんね」と。

**母親**　この項の最初のほうで私は「限られた一日24時間の中で……」という聞き方をしたと思います。私だけでなくほとんどの人は「24時間をどう割り振っていくか」という考え方をしがちですが、その人は「一日は1440分」という時間の概念なんですね。

**父親**　その概念を持って学校生活を送っているとは驚きました。でも、とてもいい方法を教えてもらいました。

**山本**　そうなんです。日ごろから時間を有効に使うことを常に念頭に置いて行動しているそうです。だから単位は1時間ではなく1分刻みなんですね。

**母親**　これは見習わないといけません。

**山本**　さらに、その子に聞いたんですよ。時間を有効に使うということは、例えば帰宅後にスマホで動画を見たりゲームをしたりという時間も自分で決めて生活しているということなのかと。そうしたら、「スマホの動画もゲームもしません」という答えでした。

**原**　いやぁ、すごい！　遊びたい年齢でもあるのに、そこまで自分を律することができるんですね。

**山本**　なるほどなと思いました。おそらく彼女たちは無意識のうちに時間管理をしているんでしょう。

**原**　親が口出しするまでもないですね。

**山本**　その子の親は水泳の大会には必ずいらっしゃいます。適度な距離を保って応援していらっしゃいますよ。

## 第5章の習慣（まとめ）

34 部活動なら月謝が不要。
続けていれば必ず泳げるようになる

35 部活動をやっていると学校に
ひとつの居場所ができる。同級生、
先輩、後輩間にも仲間意識が芽生える

36 時間に制限があるので練習の質を
高める必要がある

37 自分のためだけでなくチームのため、
仲間のために泳ぐときは力が出る

38 速くなる人は限られた時間の中で
ものすごく努力している

39 水泳も勉強も自分のためになるという
考えで取り組む

40 マラソンのときに沿道で旗を振って
応援する、親のサポートはそれぐらいの
距離感がちょうどいい

41 みんな平等に「一日は1440分」、
時間は有効に使う

# 第6章

# 大会に出場すると何が変わりますか?

数々の大会運営に携わる　内田孝太郎さん

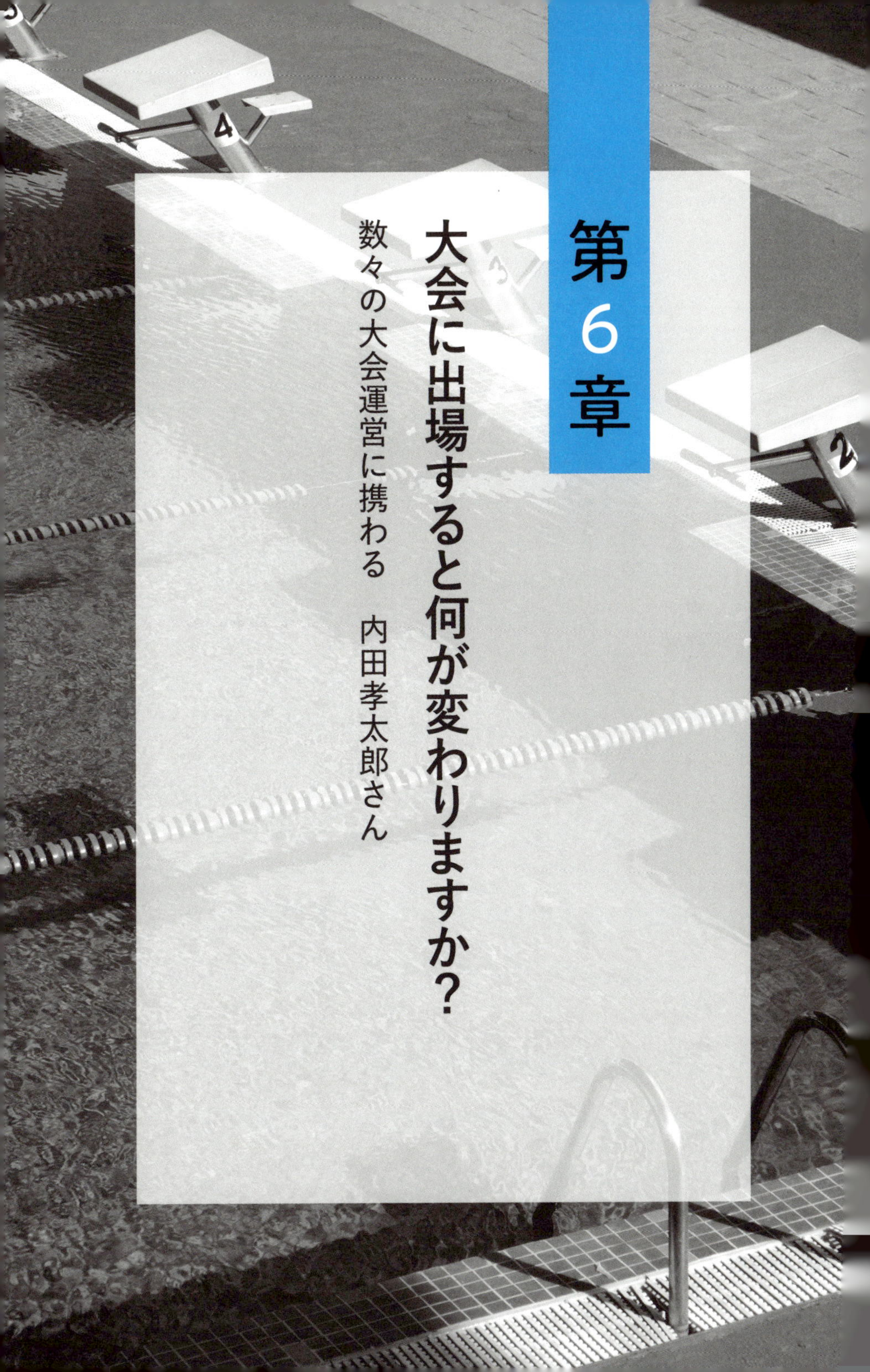

子どもがスイミングクラブに通い始め、少しでも泳げるようになったら次は何を目標にすればいいのだろうか。私の次男は泳げたことでひと区切りつけたが、孫は選手コースに進んで9歳からレースに出始めた。最初は付き添いで観戦に行っていたが、そのうちにレースの面白さに病みつきになった。帰宅後はタイムを確認して記録として残すようになり、いまでは数年分の成長の跡が記されている。泳ぎ終わったあと電光掲示板を見て歓喜の声をあげたこともある。もちろん残念な思いも数えきれないほど味わった。まだまだ道の途中だ。

自分の少ない経験をもとに、できることならば泳げるようになったら大会に出て、親も子も悲喜こもごもの貴重な体験をしてほしい――そんな個人的な思いを抱き、日本水泳連盟理事、東京都水泳協会専務理事で事務局長を務める内田孝太郎さんを訪ねた。かつて自身も水泳のコーチをしていた内田さんは、現在は東京都の水泳競技の大会運営のトップとして多忙な日々を送っているが、常に「どうしたら水泳を多くの人に見てもらえるか」ということを頭に置いているのだという。落ち着いた物静かな口調だが、言葉の端々からは水泳愛が滲み出ていた。

# まずは泳げるようになること、タイムは気にしない

**原**　大会の話を伺う前に、まず水泳を始めた子どもにとっての最初の目標なんですが、私は単純に25ｍプールの一辺を泳げるようになることかと思うのですが、いかがでしょうか。

**内田**　もちろんそういう子は多いと思います。私も以前はスイミングクラブでコーチをしていたことがありますが、目標はそれぞれなので、親とすれば「最低でも25ｍは泳げるようにしたい」と。もちろん25ｍ泳げるようにということがステップの人もたくさんいます。

**原**　ステップというと、先の段階として自由形（クロール）、平泳ぎ、バタフライ、背泳ぎの4種目をマスターするとかですか。

**内田**　そうですね。だから多くのスイミングクラブでは4種目を泳ぐ個人メドレーを泳げるようにすることを念頭に置いていると思います。このあたりが初心者から中級者の分かれ道になるぐらいでしょうか。

**原**　最初のうちは指導者も子どもも親もタイムは気にしませんよね。

**内田**　はい、まったく気にしませんね。初級者の多くは幼稚園や小学生の低学年が多いので。タイムがどうとかではなく、とにかく最初のうちは10ｍでも15ｍでも前に進めばＯＫです。子どもたちにとってもクロールで泳げた、平泳ぎができたという達成感は大きいですからね。

**原**　そして最低でも25ｍ泳げるとなったら大会に出場する資格が得られると思っていいのでしょうか。

**内田**　そうなんですが、そもそも「大会に出てみたい」という子と「出なくていい」という子がいるわけです。

**原**　どうせなら通い慣れたスイミングクラブのプール以外のところで泳いで力を試したいんじゃないかと思うんですが、そうでもないんですね。

**内田**　小さいとはいえその子の考え、親の方針がありますから。

**原**　たしかにそうかもしれませんね。

## 幼稚園児が出場できる「キンダーの部」

**原**　内田さんは東京都水泳協会の事務局長という立場上、これまで数多くの水泳の大会運営に携わってきたと思います。そこでお聞きしたいのですが、ひと口に大会といっても規模も参加選手の年齢もさまざまですよね。

**内田**　一番年齢の低い子が出られる大会となると5歳ぐらいの幼稚園の子が出場できるものがあります。近年は少なくなってきてしまったんですが、つい先日は小学生を対象にした大会を東京・辰巳のアクアティクスセンターで行いました。その大会では幼稚園の子たちが出場できる年齢区分を作っているんです。「キンダーの部」といって主に5、6歳の幼稚園の年長さんが多いんです。

**原**　5歳にして東京オリンピックの水泳会場にもなったアクアティクスセンターで泳げるなんて羨ましいですね。

**内田**　子どもたちはわかっているかどうか（笑）。

**原**　でも、大会というからにはタイムが計測されるんですよね。

**内田**　そうです。やはり大会なので泳ぎ切ったあとは電光掲示板にそれぞれのタイムが出ます。そのタイムによって自然と順番は決まりますが、上位に入れなかったとか気にする子はほとんどいないんじゃないでしょうか。親御さんたちも「何秒で泳げたね」というよりも「頑張って泳ぎ切れたね」と声をかける人がほとんどでした。

**原**　話を聞くだけでほのぼのとしてきますね。

内田　出場する子どもも親御さんも、保育園や幼稚園の運動会の感覚に近いものがあるんだと思います。小さい子どもたちが一生懸命になって泳ぐ姿を見ていると水泳っていいなぁってあらためて思いますね。

## 幼児の競技には係員を増員して対応

原　全国レベルで見た場合、「キンダーの部」の大会を開催するケースは多いのでしょうか。

内田　多いか少ないかとなると正確な数字はわからないんですが、地方でもやっている地域はけっこうあると思います。

原　例えば、小さい子を対象にした大会で上位に入るとメダルや賞状がもらえるんですか。

内田　この前のアクアティクスセンターでの大会では上位8名の選手に賞状が出ました。皆さん、けっこう喜んでくれました。

原　運営していく側はたいへんだと思いますが、水泳の底辺を広げていくためにもそういう大会が増えていくといいですね。

**内田**　少子化が進んできている中、水泳に関わる人口も減少傾向にありますので、やはり多くの人に水泳の楽しさを味わってもらいたいですね。そのためにも小さいうちから楽しめる大会は大事だと思っています。これは東京都の場合なんですが、先日の大会のあとで、例えば幼稚園の年中、あるいは年少の部まであってもいいんじゃないかという意見も出たんです。

**原**　でも、現実問題として小さい子の場合は監視の役員数を増やすなど対応が難しいところもあるのではありませんか。

**内田**　そうなんです。アクアティクスセンターのような広い会場だと水深もそれなりにありますし、その中で4歳、5歳、6歳の子が泳ぐとなったら競技中の子どもを見守る役員の数も通常より多くなりますね。その体制作りができるかどうかという問題があります。

**原**　アクアティクスセンターの場合、幼児用に水深を浅くすることもできるんでしょうか。

**内田**　それはできます。この前の大会も浅くして実施したんです。ただ、飛び込みの動作があるとあまり浅くすることも危険を伴うことになりますので。日本水泳連盟のガイドラインに沿って大会運営することになるので、その数字（水深）は動かせないんですよ。幼児となると背の立たないプールで泳がなければならないという現実が出てくるわけです。

**原**　小さい子だと泳ぎ切ったあと自分で上がることができませんよね。

**内田**　だから各レーンの係がひとりずつ手をつかんでプールから引き上げるようなかたちになります。

## 会場に来て観戦してほしい

**内田**　先ほど話に出た幼児が出場できる大会なんですが、アクアティクスセンターの保護者用に用意した席がすべて埋まり、立ち見も出るほどだったんです。水泳の国内最高峰の大会でもある日本選手権でも満員にするのは容易ではないんですよ。「キンダーの部」ではお子さんひとりに母親、父親、祖父、祖母と家族で観戦、応援に来るんです。朝から長蛇の列に並んで会場に入って、時間にしたら泳いでいるのは数十秒なのに、です。あの熱量はすごいですね。

**原**　まさに私がそうなんですが、自分の子や孫が大会に出場するとなったら観戦に行き、ほとんど動画を撮りますから。

**内田**　とにかく現場に観戦に来ていただかないことには水泳の面白さを伝える術がないんですよ。コロナが蔓延していたときには観戦不可として、代わりにライブ配信をしていたんですが、いまはやめました。やっぱり会場に来て見ていただきたいんです。その上で私たちにも何か発信できることはないかと模索しているところです。課題山積です。

**原**　たしかに自分の子ども、孫が出場したあと同じスイミングクラブの子が出ていれば時間が許す範囲では見ますが、それ以外のレースを見ることは少ないかもしれません。

**内田**　そうなんですよ。水泳は延々と同じような展開が続きますから。それでも「水泳の大会を見に行ってよかったね」と言ってもらえるような競技会にしなければいけないと思っているんです。何か案はないですかね。

**原**　スイミングクラブなり会社なり所属先ごとに、選手のタイムによりポイントが与えられ、それが蓄積されてランキングがつくられるとか。あとは、そうですね……以前、オリンピックの代表選手たちが最後の調整として出た大会をプールサイドで見る機会があったんですが、自由形のリレーの迫力に驚きました。

**内田**　特に男子の50ｍ自由形をプールサイドで見ると波がすごいんですよ。

**原**　すごい迫力ですよね。ちょっと失礼なたとえになるかもしれませんが、海の上を浮上しながら猛スピードで進んでいくホバークラフトという乗り物があるじゃないですか。見ていてそれをイメージしたほどでした。子どもたちも感嘆の声を出して大喜びでしたね。彼らもレースが終わったあとは記念写真に応じてくれたり握手してくれたりしていました。少子化が進む中、「キンダーの部」の大会や、トップ選手の泳ぎを間近で見てもらうなど、このあたりに水泳大会の近未来の理想図がありそうな気もするんですが。

**内田**　そうかもしれません。これは私の想像になりますが、いまの子どもの親の世代が、スイミングクラブが普及し始めたころに子どもだった人が多いと思うんです。私の世代、親の世代にはスイミングクラブは身近になかったので。

**原**　私も幼稚園のころから小学校のプールで上級生のお兄さん、お姉さんたちが泳いでいるのを見て、真似して覚えた記憶があります。その上級生の人たちにしても教えてくれるコーチがいたわけではないので自己流だったんでしょうね。だから私は泳ぐことはできるんですが完全な我流です。あのころは自己流の連鎖が普通だったと思います。

**内田**　そうですよね。私が子どものときに町に初めてスイミングクラブができて、そ

## 8月14日は「水泳の日」

1953年に日本水泳連盟が
「国民皆泳(こくみんかいえい)の日」と称して
水泳の大会を開催したのがきっかけとなり、
2014年に **水泳の日** と呼称変更された。
この日は各所で水泳イベントが行われている

水泳は「**命を守るもの**」でもある

国民全員が泳げるようになることで、

水難事故も減らしていこう

れを機に水泳人口が少し増えてきた記憶があります。だから30代、40代の親世代は自分もスイミングクラブに通っていたという人が少なくないと思います。

## 8月14日は「水泳の日」

**原**　ちょっと話が横道にそれますが、親子あるいは家族単位で出場できる水泳大会があってもいいですね。

**内田**　現実的には難しいんですが、そういえば8月14日が日本水泳連盟が定めた「水泳の日」だということはご存知でしたか？

**原**　そんな日があるんですか？

**内田**　1953年に日本水泳連盟が「国民皆泳（こくみんかいえい）の日」と称して水泳の大会を開催したんです。それが8月14日だったんです。それから61年後の2014年にあらためて「水泳の日」となった経緯があります。

**原**　知りませんでした。

**内田**　これは単に水泳をやりましょうというだけではなく、国民全員が泳ぐことができ、水難事故も減らしていきましょうという意図があるんです。水泳は競技としてだけではなく、命を守る上でも重要な役割を担っていますので。その水泳の日に、親子でエントリーして検定を受けてもらうというイベントがあります。

**原**　楽しそうですね。お父さん、お母さんも頑張らないと子どもに負けてしまいますね。

**内田**　親子でエントリーするといえば、リレーなどで家族がチームでいっしょに泳ぐのとは違いますが、泳力検定という制度があります。泳いだタイムによって級が決まるシステムなんですが、これならば親子で同じ大会に出場して合格した場合は認定証とバッジをもらって帰るということはできます。

**原**　家族でそれだけの熱量を持っていたら楽しいでしょうし、親子の会話も弾みそうな気がします。でも、やっぱり子どもには負けたくないかな。

**内田**　例えばベストタイムが近い親子がエントリーした場合、同じ組で泳ぐケースも出てきますからね。中にはお父さんが先の組で泳いで、お子さんがあとの組で泳ぐということもありますね。で、認定証をもらっていっしょに帰ると。

**原**　テニスでは2人の年齢を足して100歳以上になるようにダブルスを組んで出る大会もあるらしくて、親子で出場することも多いそうです。生涯スポーツという視点でも参考になるかもしれませんね。

## 公認大会と非公認大会の違い

**原**　ひと口に水泳の大会といっても、公認大会と非公認大会があるんですね。どこがどう違うのでしょうか。

**内田**　まず、公認大会に出場するためには日本水泳連盟に競技者登録をしなければなりません。日本水泳連盟に加盟しているスイミングクラブや学校、勤務先などの団体を通じて定められた金額を払って登録することになっていて、個人では登録できないシステムになっています。

**原**　それはほかの競技と同じですね。

**内田**　公認大会の場合は日本水泳連盟の競技規則に則ってプールの水深が設定され、競技の距離も決まっています。もちろん審判員がいます。だから日本全国、どこでも同じ条件ということになります。

**原**　出場資格というか、出場するための制限タイムが設定される大会もありますよね。

**内田**　はい。公認大会の場合は出場するための条件が定められていることが多く、年

## 水泳の大会

### 公認大会

- 出場条件が定められていることが多く、年齢に応じてタイム制限があるケースが多い
- 日本水泳連盟の競技規則に則ってプールの水深、競技の距離が決まっている。日本全国、どこでも同じ条件で行われる
- 審判員がいてタイムを計り、失格せずに泳ぎ切ると日本水泳連盟に公認タイムとして認められ、記録される

### 非公認大会

- 主催団体が独自に定めたルールで行われるため、競技者登録の必要がない
- 仮に日本記録のタイムが出たとしても日本水泳連盟には公認されない

齢に応じてタイム制限があるケースが多いでしょうか。例えば自由形はベストタイムが何秒以内、平泳ぎは何秒以内とか。それが年齢によって定められていることが多いんです。または年齢に応じた資格級で制限をする場合もあります。こうして公認大会に出て失格せずに泳ぎ切ると、日本水泳連盟に公認タイムとして認められます。

**原**　では、非公認大会とはどんな大会なんでしょうか。

**内田**　これは文字どおり日本水泳連盟が公認していない大会ということになります。競技者登録も必要ないので主催する団体が独自に定めたルールで行われるため、仮に日本記録のタイムが出たとしても日本水泳連盟は公認しません。

**原**　例えば学校やスイミングクラブ内で記録会と称してタイムを計ることがありますが、これらは非公認大会ということになりますね。

**内田**　そうですね。

**原**　ところで、いま競技者登録という話が出てきましたが、東京都では何人ぐらいが日本水泳連盟に登録しているのでしょうか。

**内田**　東京都では私たちの公益財団法人東京都水泳協会が窓口になっていますが、のべ人数で1万4000人ぐらいです。のべというのはスイミングクラブと学校、勤務先など所属が重複する選手がいるためなんです。ちなみに加盟クラブ数は、東京都は

600ぐらいです。

## 2026年を最後に幕を閉じる全国中学校水泳大会

**原**　余談になってしまいますが、中学の大会などではスイミングクラブ名で出場している場合と学校名で出場している場合がありますが、これはどちらでもOKということなのでしょうか。

**内田**　答えからいうとどちらでもOKになったんです。以前は中学生の大会は選手が通っている中学を所属として出場していたんですが、教員の働き方改革の一環で部活動は勤務時間外という考え方になりました。教員の負担を減らす目的があってのことなんですが、いまは部活が外部に委託できるシステムが導入されつつあります。3年ぐらい前からでしょうか、中学の大会は民間のスイミングクラブ単位でも出場が可能になったんです。

**原**　賛否が分かれそうですね。

**内田**　そうなんです。中学校単位の大会ではなくなってしまったわけですから。その流れもあって残念ながら水泳の「全中（ぜんちゅう）」＝『全国中学校水泳競技大会』

は2027年以降は開催しないと日本中学校体育連盟（中体連）から発表されました。

原　水泳だけの問題ではなく、義務教育でもある中学におけるスポーツのあり方は曲がり角に来ているということでしょうか。

内田　全国的な傾向として学校のプールが老朽化してきている問題もありますし。原さんの時代も私の時代も学校の体育の授業で水泳は必修だったと思いますが、いまは違います。授業で水泳を教わるのではなく、その地域にあるプールに生徒が行って泳ぎを教わるなど変化してきています。いまは過渡期だと思うんです。そんな中にあって私たちは危機感を抱くと同時に、水泳ができる環境を整備して「水泳をやりましょう！」という発信をしていく必要性を強く感じています。先ほどの水泳の日でも話に出ましたが、水泳は健康維持のためだけでなく水難事故防止、水の事故から自らの命を守りましょうということも含めて考えていかなくてはいけない時期に来ていると思います。

## 公認大会出場の際は承認水着が必須

原　大会に出るとなった際、レースを前に準備して当日持って行く道具としては何

## 公認大会出場時の主な持ち物

選手登録証

世界水泳連盟が承認したマーク
（全世界共通）のついた水着

練習用水着
（承認マークなし可）

タオル

ゴーグル
（必須ではない）

キャップ
（大会によるが必須ではない）

e.t.c.

がありますか。

**内田**　忘れてはならないものは大会の実行委員会から発行される「選手登録証」（運用していない大会もある）と「水着」です。水着に関しては公認大会に出る場合は世界水泳連盟（World Aquatics）という団体が承認したマークのついた水着が必須となります。これは全世界共通です。男女とも水着の腰のあたりにマークがついているはずです。レースの招集が行われる際、役員が必ずチェックすることになります（第2章 用具解説参照）。

**原**　レース前のウォーミングアップのときは練習用水着でいいんですよね。

**内田**　はい、アップのときは承認マークのない練習用水着で大丈夫です。

**原**　アップのときのようすを見ていると、女性はけっこうカラフルでお洒落な柄の水着を着ていますよね。ところで、もしもレースのときに承認マークのない水着を着用していた場合はどうなりますか。

**内田**　レースの前に招集がありますので、そこで役員がマークが付いているかをチェックします。公認大会の場合、承認水着でないと招集所を通過できず泳ぐことができません。

**原**　例えば一日に3レースに出場する場合、3着の承認水着があったほうがいいのでしょうか。

**内田**　出場レースの時間間隔にもよりますね。次のレースまで30分ぐらいの間隔だとプールから上がってタオルで体を拭いて、水着を着たまま待機しても問題ありませんが、競泳水着は締め付けが強く窮屈なため長時間の着用には不向きです。女子の場合、肩紐をレース直前まで外している人もいます。いまの水着は撥水性が高いので乾きが早いんです。早いといっても完全に乾くわけではないんですが、ちょっと湿った感じが残る程度ですかね。ある程度時間が空けば、乾かしてから次のレースで再度着用することもできます。上級者の場合は出場するレースの数と同じ数の水着を用意してくる選手がほとんどですね。それにプラス予備の水着とアップ用の水着を持ってきますね。

**原**　けっこう荷物が増えますね。

**内田**　おそらく用具に関するページで詳しい話が出てくると思いますが、レースにおいて水着が及ぼす影響は上級者になればなるほど大きくなってきますからね。もう少し掘り下げるとクロールが得意な選手と平泳ぎが得意な選手の水着は微妙に違います。

**原**　初めて聞きました。

**内田**　例えば、いまのレース用水着はスパッツ型になっているので、平泳ぎの場合は股の部分を締め付けてしまうと動きに制限がかかってしまうんです。だから少し柔らかめになっています。クロールは可動部分が限られてくるので割とピチピチになっていたりとか。

**原**　0・01秒を争う競技ですものね。

**内田**　これは余談になりますが、トップ選手になると体の凹凸をなくして抵抗を減らすため、体に完全に密着した締め付けの強い水着を使用することが多いので、女子選手の中には着るのに30分以上かかる場合もあります。女子選手は伸びのない生地の水着を胸の部分まで上げるので時間がかかります。無理やり着るので手でやっていると掌の皮が剥けてしまうこともあるので、専用の手袋があるほどです。最近の水着はずいぶん扱いやすくなりましたけど……。

## ゴーグルとキャップの役割

**原**　あとの必需品といったらゴーグルとキャップでしょうか。

**内田**　いや、ゴーグルとキャップに関しては絶対というわけではないんです。極端なことをいえばゴーグルとキャップを使用しなくても大会には出られます。いまでもゴーグル未着用でもレースには出られますが、でも最近は着けていない選手は見たことがありませんね。

**原**　えっ、ゴーグル着用は必須ではないんですか。知りませんでした。

**内田**　ゴーグルに関して説明すると、1992年のバルセロナ・オリンピック200m平泳ぎで金メダルを獲得した岩崎恭子さんは、あのレースではゴーグルを着けていないんですよ。機会があったら写真か動画を見てみてください。ほかの外国の選手はゴーグルを着けていますが、彼女だけそのまま泳いでいるんです。

**原**　そういえば私が子どものときにゴーグルをしている人はいなかったかもしれません。もう50年以上も前の話になりますが。

**内田**　私の年代でも初心者がゴーグルを着ける習慣はありませんでした。水泳を習い始めたころ、水場での安全を確保するということで水中で目を開けなさいという指導が必ずあったんですよ。例えばプールの底に落とした石を拾ってくるとか。

**原**　そうでした、思い出しました。水の中で目を開けられるかどうか。それが初歩中の初歩でした。そもそもゴーグルがないので、目を開けて泳がないと危ないわけですから。

**内田**　ところが、いまは水中で目を開けることを教えることが少なくなりました。最初からゴーグルを着けて習うことが一般化しています。水中で目を開けることは、実は子どもにとってけっこうハードルが高いんです。それよりもゴーグルを着けることで最初のハードルを低くして水に馴染んでもらうことのほうがいいだろうと。だからスイミングクラブの指導では水中で目を開けましょうというプログラムは省かれていることが多いんです。

**原**　では、ゴーグルを着けることのプラス面は何なのでしょうか。

**内田**　目を保護することと、視界を確保することですね。スイミングクラブでの練習の場合、ひとつのレーンで何人もの人が泳ぐことになります。こちらからは平泳ぎで進んでいき、反対側からはバタフライの人が来るとか。そうすると腕を横に開いたり腕を振り上げたりした際に手が反対側の人にぶつかることがあるわけです。そのとき仮に目に当たってもケガをせずに済みますからね。

**原**　練習でゴーグルを着けているので、そのままレースでもゴーグルを着けるという流れになるわけですね。

**内田**　そういうことになります。キャップについても、必ず着用しなくてはいけないというルールはないんです。極端な言い方をすれば、長い髪の毛が垂れていたまま泳いだとしても本人がそれでよければ競技規則的にはＯＫなんです。ただ、レースに出る場合、そんな人はいませんが（笑）。キャップを被らずにレースに出場する短髪の選手も実際にいます。でも、最近の大会では「キャップを被ること」と要項に明記してあるケースもありますね。

**原**　キャップを被るメリットは？

**内田**　水の抵抗を減らすことですね。上級者になればなるほど際どい勝負になってきますので、少しでも水の抵抗を減らすためにキャップを被ります。キャップもメッシュのものとシリコン製のものの2種類あります。レースのときはメッシュのキャップを下に被り、その上からシリコン製のキャップを被ることが多いですね（第2章 用具解説参照）。

## 会場到着からレースまでのスケジュール

**原**　実際の大会のことについてお聞きしたいのですが、選手が会場に着いてからレースの前にウォーミングアップ（以下アップ）の時間が確保されています。最初のレースまで2時間ほどある場合が多いと思うんですが、やはりそれだけの時間が必要なんでしょうか。

内田　ほとんどの大会では1時間半から2時間、アップの時間をとってあります。これにはいくつか理由があるんです。泳ぐ種目やレベルによって違ってくるんですが、特に上級者の場合にはアップが終わってからいちばん最初のレースまで休憩の時間をしっかりとってあげる必要があるんです。仮に最初のプログラムに出場するとしても1時間アップして1時間は休憩に充てられるよう設定してあるわけです。もうひとつは一般の大会に多いんですが、たくさんの参加者がいる場合ですね。どうしても芋洗い状態になってしまうので十分に泳げない状態になってしまいます。だからなるべく分散してアップできるよう時間に余裕を持たせてあるんです。時間差通勤ならぬ時間差アップといったところでしょうか。

原　レースの時間から遡って、どのくらいにアップを終えているのが理想なんでしょうか。

内田　その選手のレベルや種目によってまちまちです。2回アップする選手もいますし、上級者になると陸上でのストレッチや軽い補強運動で体を温めてから水中アップを行い、招集がかかる少し前に再び軽く泳いでから招集場所に行く選手もいます。さまざまです。これは何度かレースに出てみて、自分なりのやり方や時間の使い方を覚えていくしかないと思います。あとはコーチや先輩たちに相談するとか。

**原**　いま招集場所に行くという話が出ましたが、これはレースに出場する選手の点呼みたいなものと思っていいのでしょうか。

**内田**　そうですね。だいたいレースの15〜20分ほど前に招集場所の近くで待機していて、自分の名前が呼ばれるのを待つことになります。「〇〇〇スイミング、〇〇さん」と呼ばれますので、返事をして、役員に水着の承認マークを確認してもらいます。時間になって名前が呼ばれてもその場にいない場合は棄権扱いとなりますので気をつけてください。そのためにも自分が出る種目、レース順、レーンを事前に確認しておくことと、競技の進行状況を確認することが重要ですね。招集が終わると同じレースで泳ぐ人たちといっしょに待機することになります。

**原**　そのあとは係員の指示に従えばいいんですね。

**内田**　レースの順番が近づいてくると担当係員がスタート台の近くまで誘導してくれるので、それに従ってください。泳ぐレーンの前まで行くと、ジュニアの大会の場合はそこにも別の担当係員がいますので、所属しているスイミングクラブと自分の名前を告げてください。これをするのは間違いがないように二重三重のチェックをしているからなんです。

**原**　選手が荷物を籠に入れて係員に声をかけている光景を見ることがあります。た

## 大会日（レース出場）の流れ

1 **自分が出る種目、レース順、レーンを事前に確認しておく**

2 スケジュール表に沿って行動すること

3 **最初のレースの2時間前からウォーミングアップの時間が確保されている**

4 ウォームアップは各自でやり方、時間の使い方を工夫する（複数回行う選手が多い）

5 招集時間から逆算してウォームアップする

6 **レースの15～20分前には招集場所の近くに行く**

7 名前を呼ばれたら返事をして、役員に水着の承認マークを確認してもらう

8 同じレースで泳ぐ人たちといっしょに待機する

**9**

レースの順番が近づくと
担当係員がスタート台近くまで誘導してくれる

**10**

ジュニアの場合は泳ぐレーンの前まで行くと、
そこにも担当係員がいて名前とレースの確認がある

**11**

次の組はスタート台の後方に待機

**12**

前の組が泳ぎ終わると泳ぐ順番となり、
「ビービービービー」とショートホイッスルが4回鳴らされる。
これは「行きますよ、準備してください」という合図

**13**

もう一度「ビー」と鳴り、これを聞いたらスタート台に上がる
（背泳ぎの場合は水に入ってスタート台のバーにつかまる）

**14**

次に「テイク・ユア・マーク」という声がかかるので
飛び込む姿勢をつくる（背泳ぎの場合は両腕で体を引き上げる動作）。
このあとは動いてはいけない

**15**

一瞬の間をおいて「ピッ」という電子音が鳴り、
これを聞いたらスタート！

しかに係員は名簿のようなものを見ています。

**内田** 前の組が泳ぎ終わると、いよいよ泳ぐ順番になります。するとビービービービーとショートホイッスルが4回鳴らされます。これは「行きますよ、準備してください」という合図です。そのあともう一度「ビー」と鳴りますので、これを聞いたらスタート台に上がります。背泳ぎの場合は水に入ってスタート台のバーにつかまります。すると「テイク・ユア・マーク」という声がかかりますので、飛び込む姿勢をつくります。背泳ぎの場合は両腕で体を引き上げる動作に入ります。このあとはもう動いてはいけません。そのあと一瞬の間をおいて「ピッ」という電子音が鳴りますので、これを聞いたらスタートします。と、スタートに関してはこんな順ですね。

## 「オーバー・ザ・トップ方式」

**原** ターンやゴールのときは壁に強くタッチしないといけないんですよね。

**内田** 壁面設置されているタッチ板にしっかりタッチしてください。タッチ板の中にセンサーが入っていて、タッチすることで時計が止まる仕組みになっています。ある程度の圧をかけないと止まらないので、小さな子だとライト（ソフト）タッチになってしまってストップの作動がしない場合があるんです。

**原**　見ていると、ときどきタイム表示がない場合がありますがそれですね。

**内田**　多くはそのケースだと思われます。基本的に大会のときはスタートもゴールのストップも全自動なんですが、万が一に備えて係員がストップウォッチなどの別の機器を使って目視でカバーもしています。だから大会では安心して泳いでください。

**原**　これも出場者の多い大会で見かけることですが、背泳ぎ以外は前の組の泳ぎ終わった選手がスタート台の下に待機して、その状態で次の組がスタートしていく場合がありますが、あれは効率よく競技を進める意図からなのでしょうか。

**内田**　「オーバー・ザ・トップ方式」といって、なるべく競技時間を短くするために採用しているやり方です。泳ぎ終わって全員がプールから上がって、それから次の準備に入るというのではロス時間が多くなりますから。数十秒とはいえ積み重なると大きいですからね。

**原**　ほとんどの大会では、事前に組まれたタイムスケジュールに沿って大きな時間の狂いがなく競技が進行していくことが多いので感心します。大会運営者の努力の賜物ですね。

**内田**　そのために招集時間を15分前や20分前と決めてやっているわけです。例えば50

m自由形に200人が参加するような大会で、同じタイミングで招集所に来られたら収拾がつかなくなってしまいますから。それでも前後プラス、マイナス20分ほどの猶予はいただいています。掲示板の不具合や不測のトラブルが発生することもありますので。

**原**　運営サイドはたいへんだと思いますが、傍から見ている分には見事です。

**内田**　タイムスケジュールがずれてしまうと選手のアップの時間も変わってきてしまいますからね。でも、ほぼ時間どおりに進行していくのは日本だけといってもいいかもしれません。オリンピックや世界選手権ではずれることはありませんが、海外の大会は時間がずれることが多いようです。だから海外遠征の場合は選手もそのつもりでいたほうがいいですね。それでも招集時間にいない選手は棄権扱いになってしまいますからね。

## 小学生でも出場可の日本選手権

**原**　泳げるようになり、大なり小なり大会に出るようになった子どもたちが、その先に目指す大会というとどんな大会がありますか。

**内田**　小学生、中学生、高校生だと全国ＪＯＣジュニアオリンピックカップ（ＪＯ）がありますし、全国中学校水泳競技大会、高校生ならばインターハイがあります。国内最高峰の大会でいえば日本選手権があります。

**原**　例えば小学生でも日本選手権に出場できるんですか。

**内田**　はい、参加標準記録とされるタイムさえ切っていれば出場できます。日本選手権に年齢区分はないので、極端なことをいえば幼稚園生でも小学１年生であろうが出場できます。実際には難しいんですが、ときには小学生でも日本選手権に出場する人はいます。

**原**　ビックリですね。

**内田**　あとは目標をどこに定めるかは選手個々の意識の問題でしょう。目の前の目標としてはこの大会に出ること、その先にはあの大会、さらにＪＯやインターハイといったように、目標設定は人によって違いますからね。その中でもＪＯは小学生時代から誰もが目指す大会といっていいでしょうね。

**原**　水泳や陸上はコンマ何秒の差で勝負が決する競技なので、わかりやすい反面、非情でもありますね。

**内田**　それはありますね。参加標準記録に０・01秒足らなくても出場できないわけですから。余談になりますが、以前にはオリンピックの代表選考で揉めた歴史もあるんです。日本選手権ではA選手が優勝したけれど、過去の実績などからオリンピックではB選手のほうが有望だということでB選手が代表に選ばれたりとか。それがいまはタイム最優先で決めていますので、シビアといえばシビアですね。陸上競技もそうなってきましたよね。

**原**　ところで、大会に出場する際には参加費がかかりますが、どのくらいの金額が目安になりますか。

**内田**　大会によって異なりますが、だいたい一種目につき1000〜2000円といったところでしょうか。リレーの場合は一チーム2000円とか。フリーリレーもメドレーリレーも一チーム4人ですから、ひとり500円の負担という計算になります。

**原**　例えば一日に個人種目で3レースに出て、フリーリレーにもチームで参加した場合、けっこうな値段になりますね。

**内田**　一種目1500円だった場合、1500円×3種目＝4500円＋リレーの500円で合計5000円ですか。

**原**　これは泳ぐ距離に関係なく、出場する場合は大会ごとに一種目につき○○円と設定されるわけですね。

**内田**　そうです。一部、マスターズの大会で長い距離のレースだけ通常が1500円のところ2000円と高く設定されている場合もありますが、ジュニアの大会などは距離に関係なく一律なのが一般的です。

**原**　私が子どものころは、水泳は海水パンツひとつでやれるスポーツと考えていましたが、いろいろと変わってきていますね。

**内田**　たしかに、まったくお金はかかりませんというわけにはいきませんね。特に中級者、上級者になって頻繁に大会に出るようになると、水着などのグッズに大会エントリー費など出費は増えることになりますね。これはどのスポーツにも共通したことなのではないでしょうか。

**原**　大会に出る場合、トレーニングの一環、あるいはトレーニングの延長として出るという考えもありますよね。

**内田**　それはありますね。普段の練習でも最後にダッシュして終わる場合があるように、一週間の練習の集大成として競技会に出るという考え方です。

**原**　その一方、気をつけなければいけないこともありますか。

**内田**　競争意識は大切ですが、勝つことだけがすべてではありません。一生懸命泳いだ結果の負けならば大きな意味と価値はあるはずです。全部の大会で強い競争意識を持ち続けると精神的に水泳が面白くなくなってしまう恐れがあります。ほどほどにということになりますかね。

## 25ｍで折り返す短水路、50ｍで折り返す長水路

**原**　これは上級者になってからのことになりますが、大きな大会に出る場合は交通費や宿泊代など、いわゆる遠征費がかかりますよね。

**内田**　例えばジュニアオリンピック大会の場合は春、夏とも東京・辰巳のアクアティクスセンターで行われます。東京、神奈川、埼玉、千葉など関東圏に住んでいる人などは、当日の朝早く家を出れば開場時間に間に合うケースもありますが、地方在住の場合は前泊するなど、時間も交通費、宿泊費もかかりますね。日本選手権もアクアティクスセンターでの開催です。

**原**　中学、高校の全国大会となると状況は変わりますよね。

**内田**　そうなんです。全国中学やインターハイは年ごとに開催地が変わります。

**原**　大会によって25ｍで折り返すレースと50ｍで折り返すレースがありますが、どんな違いがあるのでしょうか。

**内田**　25mで折り返すレースを「短水路」、50mで折り返すレースを「長水路」と表記していて（補足参照）、以前は短水路の大会は冬場、長水路の大会は夏場と大まかなシーズン分けの考えがあったんですが、最近は少しあやふやになってきています。

**原**　JOの参加標準記録などを見ても短水路のほうが速い制限タイム設定になっていますね。

**内田**　そうですね。100m自由形でだいたい1～2秒の差といったところでしょうか。ちなみにJOは3月に開催される春の大会が25m（短水路）、8月に開催される夏の大会が50m（長水路）となっています。全国中学やインターハイはいずれも50m（長水路）で行われます。オリンピックも長水路ですね。短水路のレースは短水路なりの面白さがありますし、長水路のレースも長水路なりの面白さがあります。

## 大会には「目標」と「目的」を持って出場すること

**原**　少し話を戻すことになりますが、大会に出場する場合、もちろんレベルによって目指すものは違ってくると思いますが、順位なのかタイムを切ることなのか、あるいは自己ベストを出すことなのか、何か理想的な目標設定というものはあるのでしょ

［補足］「長水路」「短水路」の表現は一般的ですが、日本水泳連盟の大会要項は、長水路を50m、短水路を25mとして表現を統一している。例えば日本選手権（50m）、日本選手権（25m）

## 大会には「目標」と「目的」を持って出場

目標はひとつでなくてよい

順位

泳ぎ切る

●●ちゃんに
負けたくない

タイム

自己
ベスト

大会では勝つ喜びを知り、
負ける悔しさを知る
大会に出たからこそ経験できるものがある

順位は下のほうでも
自己ベストが出たと喜んでいる子
上位に入ったのに
ベストが出なかったと泣いている子

**どちらもOK**

**勝っても負けても**
**それぞれの価値の中でどう評価するか、**
**大会というものを**
**わかっていることが大事**

うか。

**内田** これは人によって異なりますよね。ただ、順位であれタイムであれ目標を持つことは絶対に必要なことだと思います。私も選手たちには常々「目標を持ちなさい」と言っています。

**原** 大会によっても順位が重要な場合とタイムが重要な場合とがありますよね。

**内田** そうなんです。例えばJO予選であれば、仮に順位が1位であっても参加標準タイムが切れてないとダメですから。これとは逆に出場した選手の中で上位8名が決勝に進めるという場合は、タイムももちろん大事なんですが順位を無視することはできなくなります。これに自己ベストのタイムを出すという目標も加わります。重要なのはひとつだけの目標ではなく、その大会にどういう目的で臨むのかということだと思います。

**原** 小さい子どもだと「○○ちゃんには負けたくない」という目標もあると思いますが、少し方向性が違いますかね。

**内田** いや、いいんじゃないですか。その気持ちは大事だと思います。こんなことを言うと勝利至上主義みたいに思われるかもしれませんが、勝つ経験も必要だし、負ける経験も尊いものです。重要なことは勝った、負けたという経験を次にどう生かすかということだと思うんです。仮に負けたとしたら、その結果だけを見て残念がっているだけでは単なる負けでしかないわけです。負けたら負けたなりに次の目標を作ればいいんです。勝った場合も同じだと思います。そうやって自分のペースでやっていくことが大事なんじゃないでしょうか。目標は人それぞれですから、私たちはその思いを受け止めた大会運営を考えていかなくてはいけないと思っています。

**原**　もちろんスイミングクラブで一生懸命に泳ぐことは大事ですが、大会に出ないと味わえないものがありますよね。

**内田**　勝つ喜びを知る、負ける悔しさを知る、大会に出たからこそ経験できることはたくさんあります。順位は下のほうでも自己ベストが出たと喜んでいる子もいれば、上位に入ったのにベストが出なかったと泣いている子もいるんです。勝っても負けてもそれぞれの価値の中でどう評価するかということをわかっていれば、それでいいんじゃないでしょうか。そこに大会に出た意味、価値があると思います。

**原**　子どもが大会に出る前、かける言葉の選択は難しいものがあると思います。発破をかける言葉もあれば逆にプレッシャーを与えてしまうことになる言葉もありますから。

**内田**　その子の性格によると思いますね。誰にでも効果がある魔法の言葉はないでしょうから。ただ、「タイムを切れなくてもいいよ」とか、後ろ向きの言葉は意欲を削いでしまう可能性がありそうですね。これは難しいですね。

**原**　次は大会後のケースです。私の場合は祖父という立場になりますが、孫が大会に出て目標を達成できたときはともかく、達成できなかったときにかける言葉は悩みますね。大事な大会になればなるほど言葉の選択は難しいなと感じます。普段の頑張りを見ているだけに、小学生に対して「まだ頑張りが足らないからだ」なんて言えないじゃないですか。

**内田**　親御さん、原さんの場合は祖父という立場ですが、結果の良し悪しに関係なくまずは「頑張ったね」という広い心で受け止めてあげてほしいですね。特に芳しい結果が出なかったときは言葉を選んでほしいと思います。「なんで○○ちゃんに負けたの！」「なんでベストが出なかったの！」ではなくて、「よく頑張ったね。また次に頑張ろうね」と。そういう広い視野でお子さんを見守っていただけたらいいなと思います。水泳も勝負ごとですから勝つときも負けるときもありますが、まずは目標達成のために頑張ったという過程に意味があるわけです。水泳に限らず、それがスポーツですから。

## 第6章の習慣
（まとめ）

42 最初のうちは10mでも15mでも前に進めばOK、達成感を味わおう

43 水泳の楽しさを味わってもらうため小さいうちから楽しめる大会は大事

44 水泳は命を守る上でも重要な役割を担っていることを認識しよう

45 公認大会に出場するためには日本水泳連盟に競技者登録が必要

46 水泳ができる環境の整備、「水泳をやろう！」という発信をしていく

47 公認大会に出る場合は世界水泳連盟（World Aquatics）の承認マーク水着が必須

48 上級者は出場するレースの数と同じ数の水着を用意しよう

49 自分が出る種目、レース順、レーンは事前に、競技の進行状況も確認

50 ターンやゴールのときは壁面設置されているタッチ板にしっかりタッチ

51 一週間の練習の集大成として「競技会に出る」という考え方もある

52 重要なことは勝った、負けたという経験を次にどう生かすか

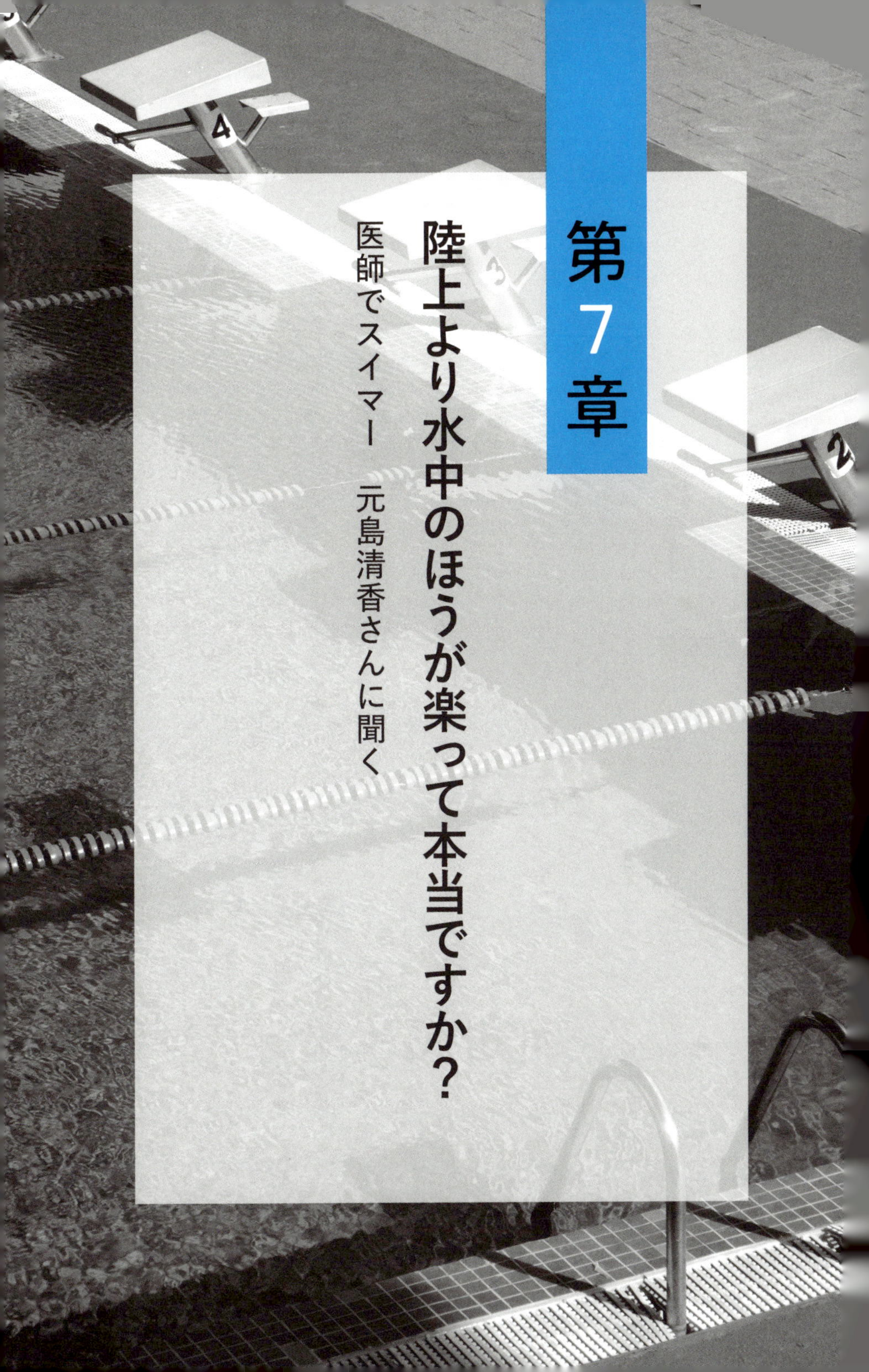

# 第7章

## 陸上より水中のほうが楽って本当ですか？

医師でスイマー　元島清香さんに聞く

野球やサッカー、テニスに代表される球技、柔道やボクシングなど体重調整して臨むコンタクト競技と異なり、水泳は比較的ケガの少ないスポーツといわれる。負傷したアスリートがリハビリとしてプールに入ることもあるほどだ。

だからといって水泳がケガと無縁というわけではない。水泳は日々のトレーニングの段階からエネルギー消費が大きいため、その分の栄養補給を正しく行っていかないとパフォーマンスのアップにも繋がらないと聞いている。また、水に入るスポーツであるため目や耳の病気とも無縁ではないし、女性特有の問題もある。では健康維持、体力アップのために何を摂取すればいいのか。ケガをした場合はどんなリカバリーが必要なのだろか——これらはスイマー本人はもちろんのこと、親にとっても知っておきたいことの代表格といえるのではないだろうか。

そこで、日本水泳ドクター会議の役員（中央理事、医事委員）を務める元島清香先生を訪ねて話を伺った。元島先生はかつて自身もJOC全国大会に出場したスイマーで、現在は東京・高島平中央総合病院の整形外科に務めている。そのバイタリティーに驚くとともに水泳と医療に関する愛情と関心、熱量には圧倒されるほどのものを感じた。

［補足］このパートには著者の知り合いの40代ご夫婦にも加わっていただいています。お子さんは2人、小学校新１年生のお兄ちゃんは水泳を習い始めたばかりで、４歳になる妹もまもなく習い始める予定です。

## 規則正しくバランスよく食べる

**要するによく食べて、**

**よく動き、よく寝る子が育つ**

子どもは楽しければ疲れているとは思わない

## 食事は「規則正しくバランスよく」が基本

**原**　まず水泳を始めたばかりの子どもの食事について話を伺いたいのですが、これがいいですよというおすすめの食事はありますか。

**元島**　2歳とか3歳でベビースイミングを始める子もいますが、ここではもう少し上の年齢ということになりますよね。

**原**　はい、まずは小学生を対象として考えてください。

**元島**　であれば、これはもう規則正しく、和食であっても洋食であっても野菜、肉、魚とバランスよく食べましょうということに尽きますね。

**原**　スイミングクラブに通っていると小学生でも練習時間が夜というケースもあります。終わって帰宅するのが6時、7時、あるいは8時、9時とか。その場合はどのタイミングで食べるのがいいのでしょうか。

**元島**　終わる時間が遅くなることがわかっている場合は練習に行く前に食べて、練習後は夜遅くなっても空腹を感じない程度に軽く食べるというパターンでしょうね。

**原**　練習前に食べるとなると十分な休憩時間をとらずに運動することになりますが、

大丈夫なんでしょうか。

**元島**　食べたあとは30分ぐらいはじっとしているほうがいいとかよく言いますけど、考えてみてください。子どもって本来はお菓子を食べて遊んで、遊んでご飯を食べて、それで疲れたら寝てという生活パターンですよね。これは私見ですが、いまは逆に行儀よいことを大人が押し付けすぎているようにも感じられるんですよね。例えば急にトップ選手の話になってしまいますが、合宿のときなどは山盛りのご飯をがっつり食べたあと何十分かしたら練習というときがありますし。ただし、それがおすすめというわけではありませんよ。正しいことを言えば、食後の何十分かはおとなしくしていましょう、が正解なんです。それらを総合的に考え合わせると、要は食べたあとは適度に動きましょう、というように私は言いますね。

**原**　水泳選手に限ったことではありませんが、日本代表選手などは皆さんたくさん食べるのでしょうか。

**元島**　速くなる人を見ていると、いわゆる食が細いという選手は少ない印象です。好き嫌いがある選手もいますが、遠征期間中に体調を崩すことが多いように感じていま す。食事に対する態度がしっかりしている＝ながら食べをせず、食事に集中して食生活そのものがきっちりしている人が多いです。ちょっとしたことですが、食事をするときにご飯茶碗とお味噌汁のお椀の位置であるとか、きちんと配置したところから始まり、おかずを含めバランスよく箸をつけて全部食べる、そういう点がしっかりできている人ですね。

## 食べて寝る子は育つ

**元島**　食べる、体を作るということを考えた場合、トップスイマーの瀬戸大也選手が参考になるかもしれません。瀬戸選手は幼稚園の年長のときに「オリンピックで金メダルを獲る」と言っていました。そのために大きくなるんだと。そして、ご両親は平均的な身長なのだそうですが、彼は結果として両親の数値から想定される範囲の最大値まで身長が伸びたそうです。小学生のときからしっかり食事をして、練習後は10時間の睡眠をキープしたそうです。だから大きくなるとは必ずしもいえませんが、それほど水泳に対する意識が当時からすごく高かったんでしょう。ほかにも北島康介さんや萩野公介さんといったトップスイマーたちも小学生のときから速くなる雰囲気を持っていたみたいです。

**父親**　トップスイマーのほとんどがそうですか？

**元島**　いやいや、そういうわけでもないんです。例えば大橋悠依さんや鈴木聡美さんは、大学ぐらいまではいわゆる普通の人という感じでしたよ。それでもご両親は食事にはすごく気をつけていたと聞いています。好き嫌いがあると海外に行ったときに困りますからね。

**原**　やはり水泳を含めて体重制限のないスポーツをやっていく場合、大きな体を作り、体力をつける必要があると考える人は多いと思います。そのヒントのようなものはあるのでしょうか。

**元島**　例えばカルシウムを骨につけるにはタンパク質の摂取も必要で、あれもこれも必要となるわけです。筋肉も同じで、たんぱく質を筋肉にするためには消化酵素もビタミンも必要なわけですよ。そう考えると結局は〈全部〉なんです。できるだけバランスよくたくさん食べるというところに行きつくんです。中学生がダイエットをしている時代に生きる私たちですが、メジャーリーガーの大谷翔平選手なんて一日にどんぶり15杯分も食べていたというじゃないですか。

**原**　いまは炭水化物の摂取を減らしたほうがいいんじゃないかというムーブメントもありますが。

**元島**　そんな必要はないと思います。先ほども言いましたが、なるべく正しい時間にバランスのとれた内容で成長に必要な正しい量を食べるよう促すことです。例えば小学5年生ぐらいの子に食べても食べてもまだ足らないみたいな子がいます。けっこうな量の運動をやっているんだったら当然のことだと思います。同じ年代の女の子もそうです。小学校高学年から中学生頃は成長のための栄養を確保しないと、体が大きくなれなくなってしまいます。人生の中でもっとも栄養が必要な時期ですから。ある選手などはそういった成長期には食事中に寝てしまって、寝ながら食べていたと話しています（笑）。その甲斐あってか、いまは2mぐらいの大きな体になりました。

**母親** 親が思っている以上に食べるということは大事ですね。

**元島** すごく大事です。みんながみんなそうだとは言いませんが、食べられない子が徐々にパフォーマンスを落としていくケースをたくさん見てきました。100歳で元気、という人は例外なくしっかり食べていますよね。

**父親** その通りですね。よくわかります。

**原** 水泳の場合、体を横にした状態で泳いで速くゴールすることを目指す競技ですから、やはり体が大きいと有利と言えるんでしょうか。

**元島** 自由形の短距離の世界のトップ選手をみると身長2mという人は珍しくないので、やっぱり有利だとは思います。バック（背泳ぎ）も大きい人が多いかな。ただ、平泳ぎやバタフライはテクニックで十分カバーできるので、それほど気にしなくてもいいと思いますよ。

## 陸上よりも水の中で動くほうが楽

**母親**　子どもの運動量と食事の量に関して、わかりやすい目安のようなものはありますか。私はどのようなところに気をつければよいのか知りたいです。

**元島**　これは普段から子どもの動きや表情などで判断するしかないと思います。逆に、普段からしっかり子どものことを観察していれば、体調の良し悪しはわかるんじゃないかと思うんです。

**原**　漠然とした言い方になりますが、スイミングクラブに通って泳いでいる子どもはものすごくエネルギーを消費しますよね。

**元島**　例えばスイミングクラブで選手育成のコースに入っている子の場合、一日に２０００ｍとか３０００ｍといった距離を泳いでいるはずなんです。

**父親**　そんなに！

**原**　３０００ｍといったら３㎞ですからね。東京・山手線の３駅分ぐらいの距離で

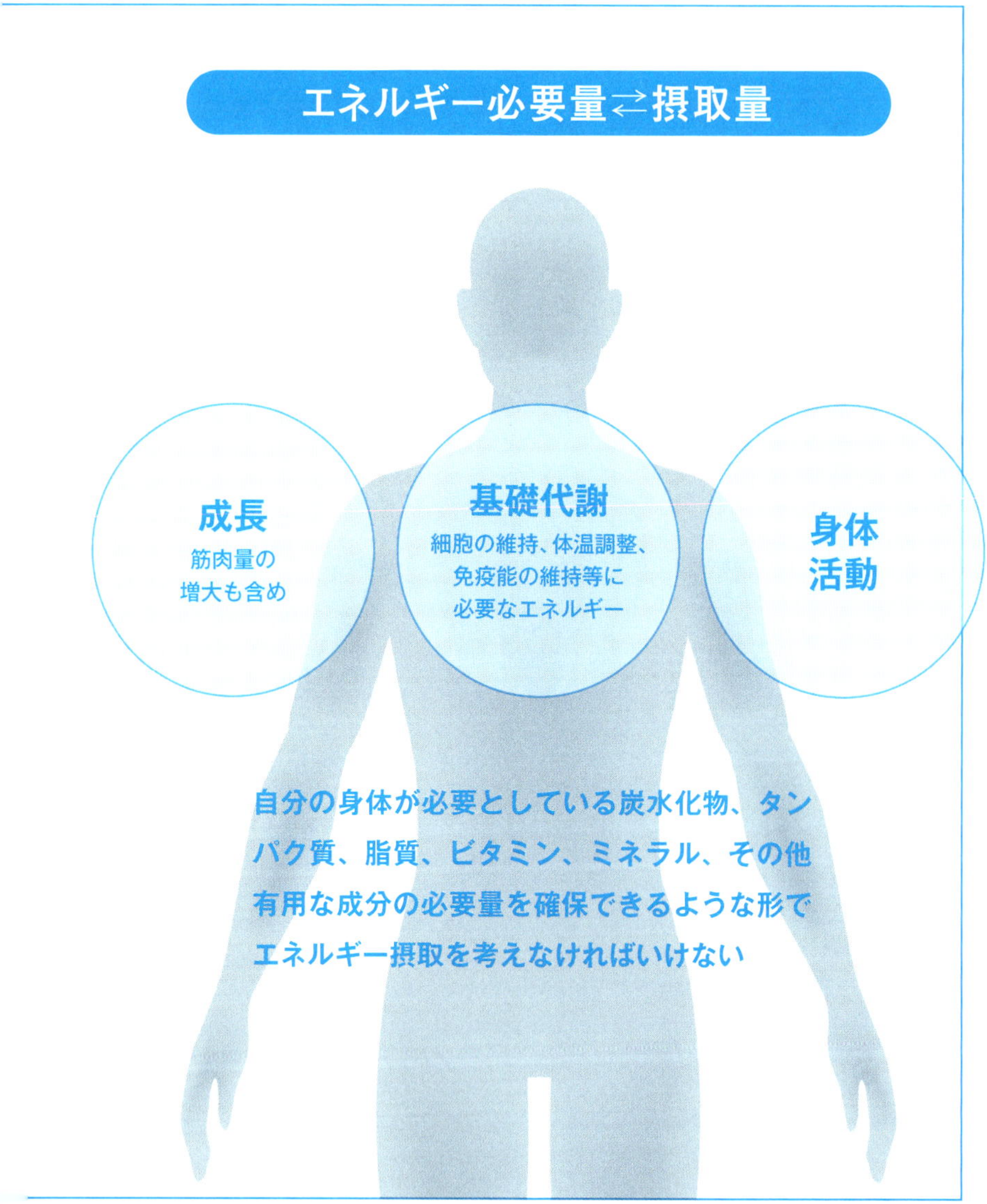
エネルギー必要量⇄摂取量
成長
筋肉量の
増大も含め
基礎代謝
細胞の維持、体温調整、
免疫能の維持等に
必要なエネルギー
身体
活動
自分の身体が必要としている炭水化物、タンパク質、脂質、ビタミン、ミネラル、その他有用な成分の必要量を確保できるような形でエネルギー摂取を考えなければいけない

［栄養に関して資料紹介］
日本水泳連盟公式ホームページ
「水泳選手のための栄養」

1

エネルギー必要量は複数の要素によって
決定づけられる

2

エネルギー必要量をしっかり認識して、
これが変化するものであるということを理解する

3

毎日のトレーニングや競技に対するエネルギー必要量に
応じてエネルギー摂取量を調整できるようにする

4

身体の成長のためにも
エネルギーが余分に必要であることを認識する

す。多いときは4000m、5000mというときもあるみたいです。

**元島**　3000mとか4000mとか聞くと、泳げない人は「えっ！」と驚くかもしれませんが、この場合の子どもたちが感じる疲労度と、泳げない人がイメージする疲労度は全然違うんです。そうですね、あまり運動しない大人が30分ぐらいのウォーキングをしている感覚と思ってください。子どもたちは慣れているので疲れるというマインド、概念が大人よりも薄いんじゃないでしょうか。固定概念もあると思います。面白いのは水泳選手の中には外を歩くことを嫌がる人が多い点ですね。水の中で動くほうが楽になっているんでしょう。500mの移動も自転車に乗るという人がいっぱいいいますよ。

**父親**　面白い話ですね。疲労の認識が変わりました。

**原**　繰り返しになりますが、2000mにしろ5000mにしろ、ものすごい運動量であることは間違いないですよね。

**元島**　はい。ほんとうにキツい練習をして疲れたときは筋肉痛の症状も出ると思います。指導者もそうなるように意図的にメニューに組み込むわけですから。ただ、小学生の時点でそこまでやる必要があるのだろうかという疑問もあります。そこはコーチたちとも話し合っているところなんですけれど。例えば小学生の高学年ぐらいまでは練習を週に2回とか3回にセーブして、「水泳って楽しいね」という感想に持っていったほうがいいんじゃないかという人もいます。

**父親**　子どもはたぶん楽しければ疲れてもそれを疲れとは思わないと思います。

**元島**　そうなんです。その楽しいがひとつの境目で、疲労との関係を考えることは今後も検討課題です。

## 一度の練習で体重が2kg減る水泳

**原**　水分補給についてう伺いたいのですが、私たちが子どものころは運動の練習中に水を飲むことは禁じられていました。いわゆる根性論が全盛の時代でしたから。しかし科学の発達により、いまではスポーツの常識が大きく変わり、練習中でもしっかり水分補給はしていくべきとなりました。水泳も例外ではないのでしょうか。

**元島**　やはり大昔はそんな時代だったと思いますが、いまは変わりました。もちろん適度な水分補給は必要なんですが、考えてみてください、ひと昔前まではそんなにしっかりと水分補給をしていたのかという話なんですよ。例えば北島康介さんの世代で、彼が小学生、中学生のころ、そこまで十分な水分補給はしていなかったんじゃないで

## 水泳も水分補給

### 適度な水分補給が必要

ある競泳選手の場合、
水分補給をしても練習前と練習後で体重が-2kg

**練習量が増えればその分、**

**エネルギーを消耗している**

**必要量を補う**

しょうか。でも、それでもタイムは出ています。北島さんは北京オリンピックのころ（当時25歳）には水分補給をしながら練習をしていました。

**原**　水の中での競技なので視認はできませんが、おそらく相当量の汗をかいていますよね。

**元島**　はい。たしかなデータがあるわけではないんですが、練習前と練習後に体重を計る習慣のある競泳選手に聞くと、2kgぐらいは減ると言っていましたね。1時間半か2時間の練習中にしっかりと水分補給をしながら行っているのに、ですよ。アーティスティック・スイミングの人などは頻繁に体重を計るんですが、1回の練習で3kgぐらい落ちてしまいます。ただしその分、彼女らは食べますが。

**母親**　そこまでエネルギーを消費するとは思っていませんでした。やはり練習量が増えれば、それだけ消耗しているという認識を持っていたほうがいいですね。女の子も同じように考えますか？

**元島**　はい、そうですね。

**原**　女性に多いようですが、中学生ぐらいになると体重や体型を気にする子も出てくるのではないでしょうか。

**元島**　それはありますね。水泳選手は水着になりますから体型を気にする人は気にします。ただ、中学生ぐらいになると練習量が半端ないので逆に太ることが難しくなるんじゃないでしょうか。水泳選手の筋肉量はすごいですよ。トップスイマーの話になりますが、大橋悠依選手は身長が170㎝以上あって細身に見えますよね。実際にトップスイマーとしては細いほうなんですが、よく見るとしっかりと鍛えられた体なんです。大腿部についている筋肉量を見たら半端ないですよ!

## ジャンキーフードがNGな理由

**母親** 医師の立場から見て、日々の食生活の中でこれはおすすめできないという食べ物はありますか?

**元島** それはもう、インスタント食品と清涼飲料水です。たまに気分転換に食べたり飲んだりする程度ならいいんですよ。でもジャンキーフードは文字どおり中毒性がありますから要注意です。特に成長期の子どもの場合は食べないにこしたことはありません。科学的な根拠をもとになぜダメかというと、それだけを食べているとミネラルやたんぱく質が不足するだけでなく、せっかく摂取したカルシウムなどが体外に排出されてしまうからなんです。

**父親**　プラスが少ないだけでなくマイナスが生じるということですね。

**元島**　そうですね。それだけではなく人のお腹の中にいる腸内細菌はすごく大事な働きをしているんですが、その腸内細菌の質が悪くなってしまうという現象も起きます。清涼飲料水も似たようなもので、極端な言い方をすれば砂糖の塊を飲んでいるようなもの。アスリートに限らず体に良くないものはできるだけ遠ざけて生活してほしいところです。

**原**　でも、これだけインスタント食品が出回っている中で子どもたちから遠ざけるのは難しいですよね。

**元島**　これは私の考えになりますが、いちばんいい方法は子どもに美味しいご飯の味を覚えさせてしまうことだと思うんですよ。加工食品ではなく手間をかけて出汁をしっかりとったお味噌汁とか、そういったものを食べる習慣ができるとしめたものです。そうやって育った子はインスタント食品を常に食べるとかそういったことはおそらくしませんん。食べてもすぐに飽きてしまうと思いますよ。

**母親**　これは水泳の食事の話というわけではなく、子どもの成長にいちばんいい食事の話ですね。とっても勉強になります。

## 大会前日、当日の食事について

**原**　さて、次に進みましょう。大会に出場する場合は、前日と当日に何を食べるのがいいのでしょうか。おすすめはありますか。

**元島**　大会に出るとなると水泳初心者とは少しかけ離れてしまいますが、〈炭水化物ローディング〉といって、運動するためのエネルギーになるグリコーゲンを多く摂取するという理論があるんです。でも、これはある程度の年齢がいったアスリートの場合なので、知っておいていただいて、子どもにおいては大会当日も前日も普段どおりの食事でいいと思います。

**母親**　特に意識しなくていいということでしょうか。

**元島**　そう思います。例えば試合の前に必ず鰻を食べるという習慣をつけたとするじゃないですか。状況によって食べられないとなった場合、気持ちの面でマイナスになる可能性が出てきますよね。ここで出す例かどうかはわかりませんが、北島康介さんは醤油さえあればOKなんですって。だから海外の大会のときでも醤油を持って行って、口に合わないものには醤油をかけて食べていましたよ。それが美味しいとかまずいとかではなく、彼にとっては単にエネルギー補給という概念なんです。醤油ならばどんな状況でも使えますからね。少し話が逸れました。繰り返しになりますが、明日が大会だからといって高級なものを食べる必要はありません。とはいえ、その家その家のやり方がありますから堅苦しく考えないことです。食べたいものを適量食べる、それでいいんじゃないでしょうか。

**原**　試合当日の食事はレースの何時間ぐらい前に済ませておくのが理想なんでしょうか。

**元島**　食事はだいたい3時間ぐらいで消化されるので、午前10時にレースがある場合は朝7時ごろに食べておくのがいいですね。

**原**　大会会場が遠くて行くのに時間がかかる場合もあります。

**元島**　そこが難しいところでもあるんですよ。例えば東京・辰巳のアクアティクスセンターで大会が行われる場合、茨城県や栃木県から来る子は夜中の2時や3時に起きて親が車で送ってくることが多いんです（会場に7時に着く想定です）。そんな時間でもおにぎり1個とかで済ませるのではなく、しっかりと食事はしてほしいですね。たくさんのエネルギーを消費するので、それに見合った量の食事は必要なんです。そういう考えでいないと途中で脱水症状を起こして倒れてしまうこともあります。

# 大会前日、当日の食事

## 大会前日

### 普段通り食べる

（あくまでも目安）

**大会当日**

## レースから逆算する

**起床　4時**

身体が目覚めるには6時間かかるとされる

**朝食　7時**

3時間くらいで消化される

**レース　10時**

レースが続く場合、
空き時間にたんぱく質を補給

エネルギー消費に見合った摂取量を考える

**母親**　競技をするということは、エネルギーを消耗するということをしっかり覚えておきます。よくわかりました。

**原**　この話はまだ続いて考えなければなりません。同じ日に何レースにも出る場合があるんです。そんなときはどんなタイミングでエネルギー補給していけばいいのでしょうか。

**元島**　いくつかレースに出る場合は空き時間にお腹が空くので、プロテインバーみたいなものを持参してたんぱく質を補給しておけばいいと思います。ほかにも自分の食べたいお菓子でもチョコレートでもいいし、ドーナツでも飴でもいいんです。蜂蜜の入ったお菓子もあります。要は糖分を補ってほしいんです。飲み物は糖分の入ったスポーツドリンクとか砂糖入りの紅茶などがあればOKです。同じ砂糖が入った飲み物でも清涼飲料水とスポーツドリンクとでは異なるということは覚えておいてください。

**原**　では、起床時間について伺いたいのですが、これも例えばの話で、午前10時のレースに出場するとしたら、何時ごろの起床がいいのでしょうか。

**元島**　体がほんとうに目覚めるのには6時間かかるといわれています。それから逆算していけば午前10時のレースならば朝4時ごろの起床がいいかもしれませんね。これはあくまでも目安です。会場までの移動時間も踏まえて考えていかなくてはいけません。

## 競泳選手はガラス細工のように繊細

**原**　ほかのスポーツと比べて水泳は比較的ケガが少ないといわれていますが、実際はどうなんでしょうか。

**元島**　たしかに水泳の場合、水の中で起こる突発的な外傷は少ないと言えます。子どもが「足を挫いたので練習を休みます」ということがありますが、ほとんどはプール以外のところ、例えば学校であるとか遊んでいてとか、水泳とは関係ない場所で負ったケガが多いんですね。

**母親**　それはほんとうに多いです。

**原**　小さい子の場合はプールの中でもぶつかってしまうことがありますよね。

**元島**　それはありますね。どのスイミングクラブも小さい子の練習には最大限の注意を払っているはずですが、それでもいっしょに練習している子同士がぶつかってしまうことはあります。野球やサッカーなどはぶつかっても当然のようなところがありますが、水泳は少し違うんです。トップスイマーの中には普段の練習でケガをすることが少ないものだから、稀にケガをすると、例えば靴擦れぐらいでも「今日は泳げない！」

とか、指の小さなささくれぐらいで「痛くて我慢できない！」なんて言うんですよ（笑）。裏返せば、それぐらいケガが少ない競技ということなんですが、感じ方が敏感なところはあります。

**原**　柔道や空手、ボクシング、ラグビーなどのコンタクトスポーツは多少のケガならばテーピングをして試合に出る、出続けることが多いと思いますが、そういった意味で比べると、水泳選手はそんなことはあり得ないことで繊細なんでしょう。

**元島**　それは間違いないです。兄弟姉妹がいたとして兄は野球、ラグビーをやっています。で、妹は水泳をやっています。兄たちにとってケガは日常茶飯事なんですが、水泳をやっている妹はちょっとしたケガでも「もう泳げない」と泣きを入れる。親から見たら妹は弱虫だなと感じるかもしれませんが、そういうわけではないんです。そこはわかってあげてほしいです。水泳選手の多くはケガに対してとても敏感です。わかりやすくいえば彼女たちはガラス細工のようなもの。あるいはレーシングカーだと思ってください。タイヤがパンクしていたら走れないじゃないですか。そういう感覚があることについては、特に兄弟姉妹で競技をしているときには感覚の違いを知っておいて、会話してほしいと思います。

## 肩のケガ「インピンジメント症候群」について

**原**　水泳はどの泳法も肩を使って泳ぐので、肩を痛めることも多いのではないかと思うのですが。

**元島**　それはありますね。「インピンジメント症候群」と言うんですが、肩の腱が圧迫されて可動範囲が制限されてしまったり痛みが出たりします。これは私見になりますが、この時代、若い人のスマホを見る時間が長くなってきたためいわゆるストレートネックになる傾向があります。この姿勢は水泳をするときの理想とは反対で、大胸筋が縮んで背筋が弱くなるので肩が引っかかるような傾向が強くなってしまうんです。同じスマホを見る場合でも外国の人はふんぞり返っているイメージがありませんか？　私はあの姿勢でいいと思うんです。でも日本人はとにかく猫背。猫背になってしまうと背中の筋肉は発達しにくくなってしまいます。人間の体は十代の後半から硬くなり始めて、高校生でも首や腰の動きが悪くなるケースが出てきます。スマホ問題はちょっと心配なことです。

**父親**　自分自身で考えるとすごくよくわかりますが、そんなに若いときから、子どものうちから首や腰が硬くなるものなんですか？

**元島**　もちろん全員がそうなるというわけではありませんが、日本代表選手の中にも椎間板ヘルニアを経験している人はいますし、過去には腰痛のために世界の大舞台で棄権せざるを得なかったケースもあります。これは余談ですが、２００８年北京五輪から２０１２年ロンドン五輪にかけてプロジェクトを組んで予防対策を講じたら、腰痛が出る選手は激減したんです。それは何かというと、インナーマッスル（特に体幹筋力）を鍛えて股関節や肩の柔軟性を高めること。それが効果に繋がったといわれています。

**原**　スイミングクラブでの練習を見ていると、どの年代の人でも必ず泳ぐ前に体操をしています。これはケガを未然に防ぐという意味でも重要なんでしょうか。

**元島**　実は、幼稚園児や小学生の低学年の子たちが体操をしている時間は、あれをやってこれをやってと厳密に準備体操のメニューをこなす必然性があるというよりも、コーチが子どもの人数を確認して、それぞれの体調を把握することに意味があるんじゃないかと思います。あの子、元気がないな、ちょっと顔色が悪いな、体調が悪そうだなとか。もちろんガッツリ泳ぐ人たちはしっかりストレッチをしておいたほうがいいでしょう。ただ、これも外国の選手の例になりますが、プールに来ていきなりドボンと水に入って泳ぎ始める選手もいます。オーストラリアやアメリカだけでなく中国にもそんな選手はいます。そういう彼らの中に世界記録を出すような選手がいるという点は、私たちから見たら悩ましいところでもあるんです。何が常識で何が選手にとっていいことなのかわからなくなってしまうから。

## 中耳炎にも要注意

**原**　水泳は水に入るために中耳炎などの耳の病気と無縁ではないと思いますが、これらは防ぐことができますか。

**元島**　やはり中耳炎はそれなりに多いですね。中には耳に水が入ったからといって綿棒でぐりぐり耳の中をいじり過ぎて痛くなってしまう子もいます。まずは水から出たあとは体だけではなく、しっかりと頭、耳の中を拭くことです。

**母親**　鼻のかみ方にも問題があると聞いたことがあります。

**元島**　そうなんです。それは教えたほうがいいと思います。鼻をかむとき、特にすでに鼻に違和感を感じているときは、両方の鼻をいっしょにかむのではなく、片方ずつ気をつけてかむことも大事です。ただ、鼻の構造上、中耳炎になりやすい人、なりにくい人がいて、その差はあります。

**原**　これは私の経験上の話ですが、中耳炎かなと思って耳鼻科に行ったら、「いちばんの治療方法は水に入らないことです」と言われました。

**元島**　たしかにそのとおりです（笑）。ただ、日本代表クラスの選手にも中耳炎になりやすい人はいます。その人が長期間プールに入らないようにしたらよいかというと、その判断はプールに入っている時間の長さとも多少の関係性がありそうです。対処法のひとつとしては耳に水が入るのを防ぐキャップのようなものもあります。ただ、これを耳に装着してしまうと、コーチの声や音が聞こえなくなってしまうというマイナス面もあります。工夫はできると思います。

**父親**　まずは異常を感じたら耳鼻科に行って医師のアドバイスを仰ぐということに尽きますか。

**元島**　それがいいでしょうね。早め早めに行動して治すことです。素人考えで中耳炎だろうと自己判断して療養期間を間違えないように、専門医に診てもらうことが重要です。脅かすつもりはありませんが、ごく稀に別の病気が隠れている場合もありますから。

**原**　花粉症の人は泳ぎに関係しますか？　鼻が詰まって呼吸が苦しくなるとか。

元島　花粉症はどんどん低年齢化してきていますね。でも屋外でやるスポーツと違い水泳は室内競技ですし、しかも練習であれば水に入っている時間が長いので、その点は少しはいいんじゃないでしょうか。一番の対応策は花粉症の症状を抑える薬を処方してもらい服用することです。ただし、これはまだ子どもの場合は問題ないんですが、成長して特に一定以上のレベルの競技者になったら、ドーピングに引っかかる成分が入っていることがあるのでその点は要注意です。

父親　いろんな競技を見ていて、ドーピングという言葉は耳にしていますが、どのタイミングかで勉強しておく必要がありますね。子どもと同じ知識を持っていたほうがいいですよね。

元島　はい。やはり競技を続けて、レースに出るようになり目指すようになるころには、ドーピングの勉強は親もそうですし、選手自身もする必要はあります。

## ストレスや頑張り過ぎによる過呼吸

母親　これは水泳に限ったことではないと思いますが、子どもたちが大勢集まるとどうしても、風邪やほかの感染症が移りやすくなります。防ぎようがないと思うので

［アンチ・ドーピングに関して資料紹介］
日本水泳連盟公式ホームページ「アンチ・ドーピング」
薬の窓口ではスポーツファーマシストに直接（メールで）相談できる

すがプールではどのように考えればよいですか？

**元島**　風邪などは小さい子どもが集まると順番に移ってしまいます。水泳で、というよりも、それ以前に別々の保育園、幼稚園、小学校で流行っていて、それがスイミングクラブに持ち込まれることが多いんでしょうね。絶対的な防止策となると……難しいかな。でも、誤解を恐れずに言うと、子どもの感染症は逆に感染してくれたほうがいいものもたくさんあるんです。実際には風邪を引いたら困るんですが、引いたら引いたで免疫ができて強くなるという考え方もあります。とはいえ管理者としたら責任問題にもなりかねませんから個々に体調管理はしっかりやってくださいということになりますね。

**父親**　うがい、手洗いとか。

**母親**　例えば擦り傷や切り傷など小さな傷がある場合、水泳の練習は休んだほうがいいのでしょうか。どの程度というような判断基準はありますか？

**元島**　それは傷の程度の問題になりますが、多くの場合は大丈夫でしょう。レアケースですが、泳いでいてコースロープに手がぶつかって少し血が出たとか、ロッカーに腕が引っかかって擦り剥いたとか、子どもの場合は予期せぬ切り傷もたくさんありますから。それはもうしょうがないので、そのつど判断するしかありません。

**原**　先生が水泳を見てきて、これらのほかにも水泳で起こりやすい病気やケガはありますか。

**元島**　ときどきレースでは過呼吸になる子がいます。

**父親**　過呼吸ですか？　いわゆる呼吸困難に近い状態ですよね。それは泳いでいるときになるわけですか。

**元島**　何か呼吸器系の病気であったり、あるいは泳いでいる最中に過呼吸が起こったりしたのならば息ができなくなるので、途中で止まってしまうと思います。多くの場合、過呼吸の症状が起こるのは泳ぎ終わってプールサイドに上がってからなんです。興味深いのは予選レースではなく決勝で起こることが多いんです。メンタルが強く関連している証左だと思います。緊張や不安によるストレス、そして純粋に速く泳ごうとして頑張りすぎて限界値を超えるなどの条件が重なった場合が多いですね。

## 捻挫は「靭帯損傷」軽く見るのは危険

**原**　ほかのスポーツの項では選手のケガとして捻挫が取り上げられることが多いみたいですが、水泳の場合はどうなんでしょうか。

## 水泳選手のケガ

**高島平中央総合病院を**
**受診した競泳選手の傷害**
（名執ら，2020）

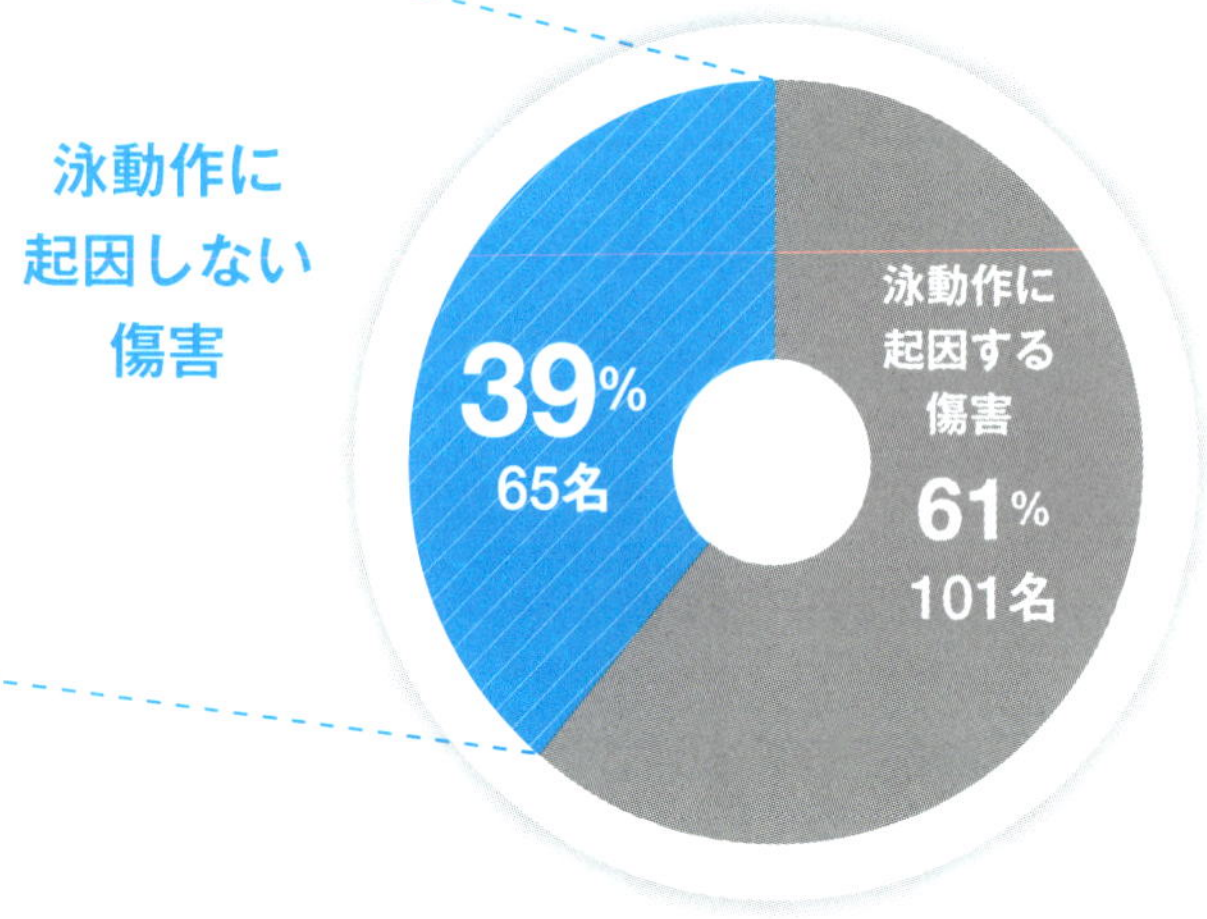


**競泳におけるキック動作は**
**足内反底屈位が**
**強制されることで推進力が上がる**

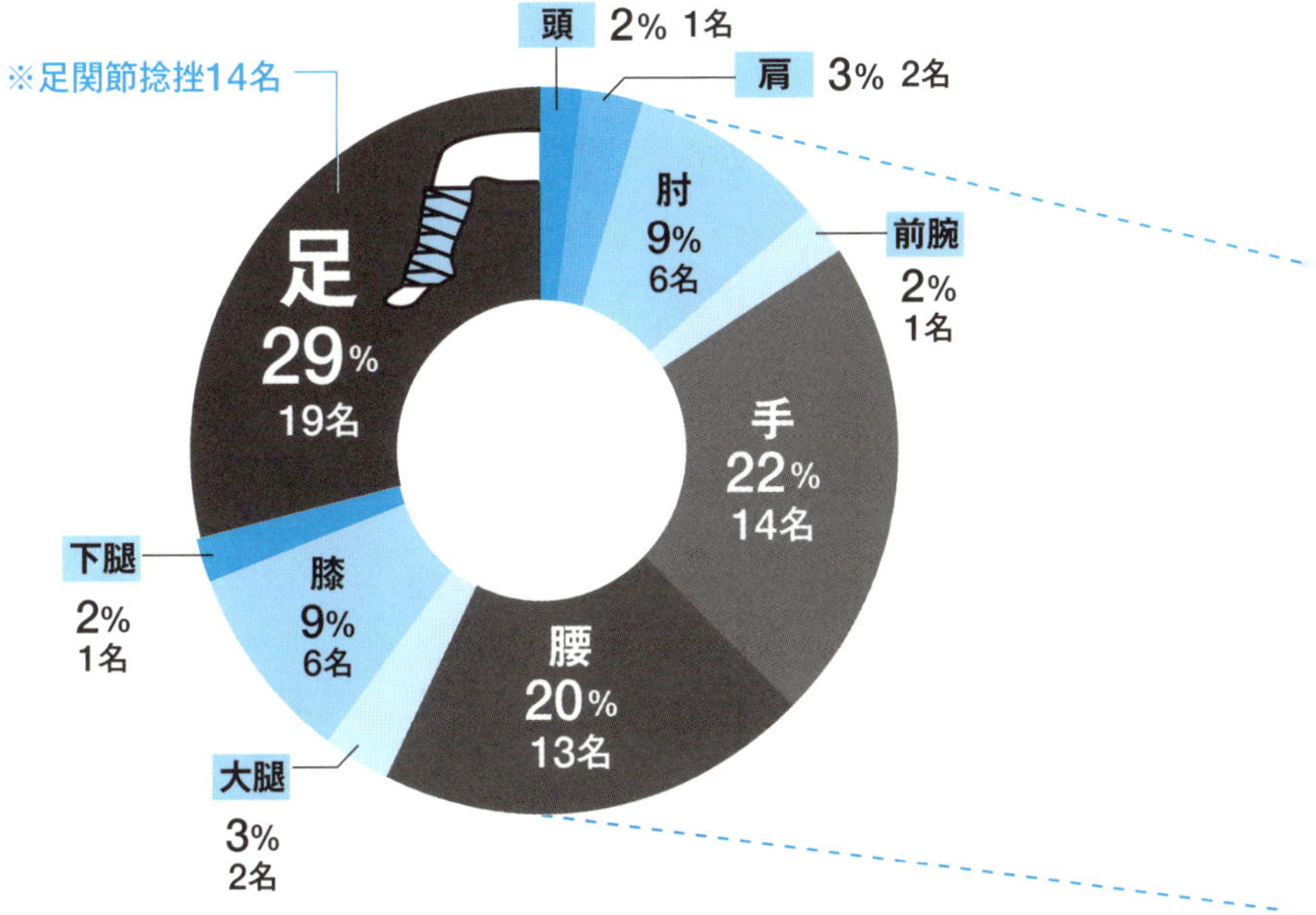

シューズ、テーピング、ポジションなどによる対策ができない

**元島**　水泳は地面や床に足をついて行う競技ではないんですが、足首を使って泳ぐので捻挫を軽視しないでほしいですね。泳ぐために必要な自分のパーツが正常ではなくなってしまうわけですから。「捻挫だろ？」と軽く見る人がいますが、靭帯損傷ですからね。

**父親**　たしかに先生にそのように説明していただくと、捻挫と聞いたときの印象が違ってきますね。

**元島**　そうでしょう？　捻挫というと軽く思われて、靭帯損傷というと大ケガのようなイメージなんですよね。大ケガではないかもしれないけれど、捻挫を軽くみてはいけません。例えば野球やバスケットボール、サッカーなどは放っておいたら競技力が落ちてしまいますが、テーピングなどで処置ができます。あるいは出場時間を減らしたりポジションを変えたりしてチームで対応することができますが、水泳の場合は個人競技なのでパフォーマンスが落ちて致命的になります。水泳は、足を伸ばした状態で力を入れることが速く泳ぐ上で重要なことなので、足首を痛めているとキックが弱くなってしまうんです。

**父親**　軽く見ているところがあったかもしれません。捻挫ぐらいと思ってしまうところがありました。気にしなければすぐに痛みは消える、とか。

**元島**　多くの場合はそうかもしれません。でも競技をしているスポーツ選手の場合はきちんと医師に診断してもらうことをすすめします。ときには剥離骨折が起きている場合もありますから。結果として何ともなかったのならばそれでいいじゃないですか。

**母親**　そうですね。水泳は練習中やレースで捻挫が起こりやすいものなのですか？

**元島**　起こります。小学生の高学年や中学生など、いわゆる選手育成コースに上がるとフィンをつけて練習する機会が増えてくると思います。その時間が長くなると足首に痛みを感じる子が出てきますね。

**原**　こうした話を聞いていると、水泳選手は実際は捻挫が完治していないのに治ったと泳ぎ始めるケースもありそうですね。

**元島**　はい。そういう選手はのちのち、最近はケガをしていないのに痛いと言って通院してきます。そしてエコーで診てみると以前に捻挫をしたという跡が見つかることがあります。話を聞いてみると、湿布をしたら痛みが引いて治ったものと思っていたとわかることがあるんです。

**母親**　子どもがもう痛くないと言えば、治ったと思いますよね。

**元島**　子どもの捻挫を侮ってはいけませんよ。スポーツをしていく上で子どもの将来に大きな影響を及ぼすことになりかねませんから。これはいたずらに脅かすわけでは

## 足関節を捻挫してしまったら

**当日**
**RICE※処置**

- アイシングは20～30分／回×3～4セット／日を72時間継続する
- 痛みを感じなければ体重をかけて歩いてOK
- 水中練習は禁止

**14日目までしっかり固定**

- 寝るときも固定具を外さない

**RICEとは**

| 安静 | 冷却 | 圧迫 | 挙上 |
| --- | --- | --- | --- |
| Rest | Icing | Compression | Elevation |

の頭文字をとったもの

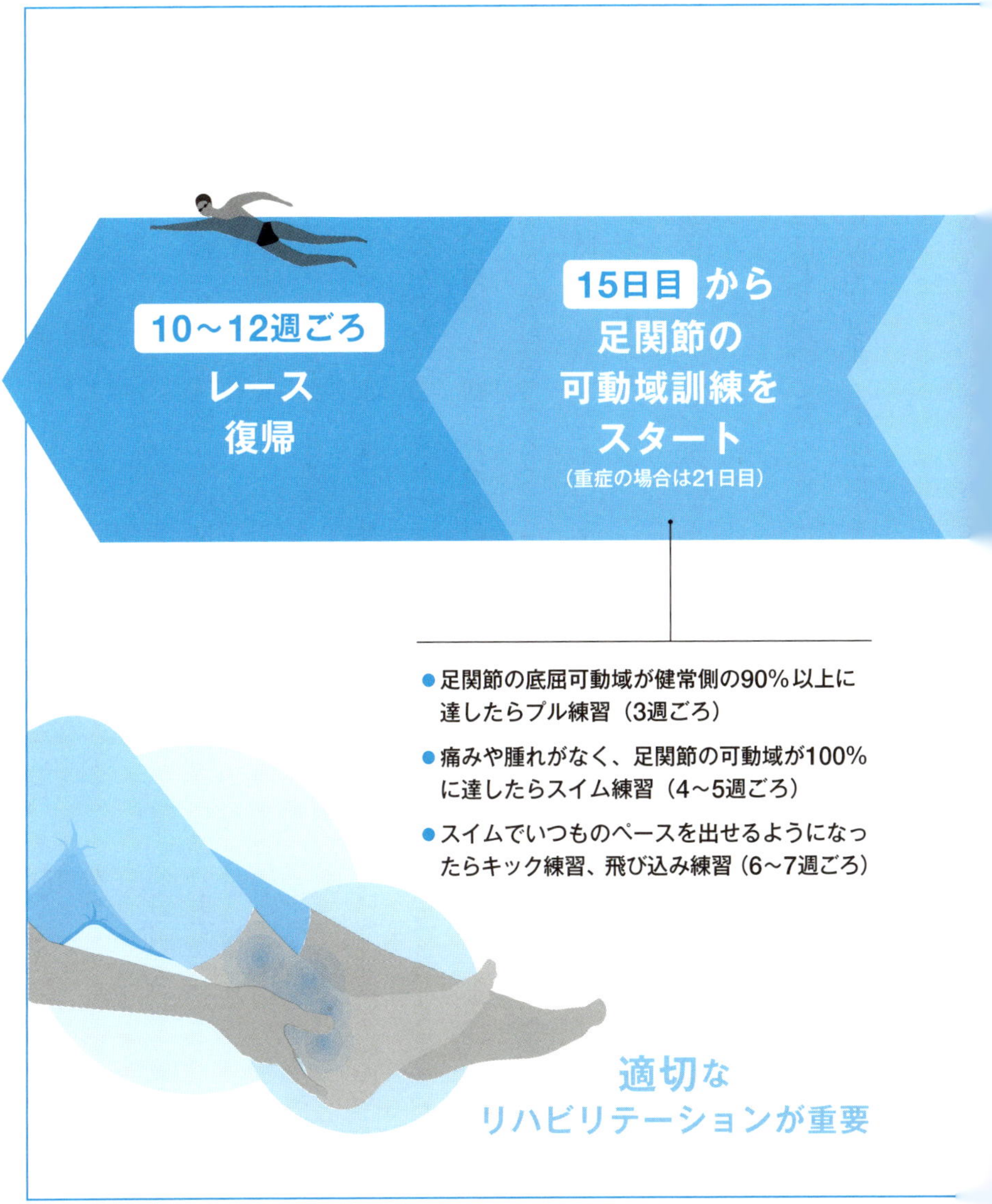
10～12週ごろ
レース
復帰
15日目から
足関節の
可動域訓練を
スタート
（重症の場合は21日目）
●足関節の底屈可動域が健常側の90％以上に達したらプル練習（3週ごろ）
●痛みや腫れがなく、足関節の可動域が100％に達したらスイム練習（4～5週ごろ）
●スイムでいつものペースを出せるようになったらキック練習、飛び込み練習（6～7週ごろ）
適切な
リハビリテーションが重要

ありませんが、痛めたときにしっかり治療をすること。それをしないとあとで私たち整形外科医でも治しようがないことが多々あるんです。だから、足が痛いと言ってきた子ども、子どもだけでなく競技者がいたとして、エコーで診たら明らかに靭帯損傷だった場合、私は3週間ぐらいはしっかり患部を固定しています。

**原**　3週間もですか。

**元島**　はい、目安として3週間。でも、子どもはぐるぐるに包帯が巻いてあっても走ったりできるんですよ。要は必要な治療をするかしないかということなんです。それによってのちのち大きく変わってしまいます。まあ3週間というと短くはないでしょうけれど、損傷した靭帯が治るのにはそれぐらい必要だということを知っておけば、治癒期間として意識できるでしょう。組織が壊れたわけです。細胞が全部入れ替わるのだから時間はかかりますよ。その治療さえしっかりやれば治ります。

## 治療の休養期間に何をするか

**元島**　先ほど3週間と言いましたが、ケガの程度によっては完治に数ヵ月を要する場合もあります。以前、階段で足を踏み外して捻挫をした子がいましたが、大きな大会への出場が決まっていたためにコーチには言い出せなかったらしいです。でも、ベストのパフォーマンスができないのでコーチも何かおかしいと気づきますよね。それでやっと報告したのだとか。そんな5週も6週も経ったタイミングで私のところに治療に来たわけです。もしもすぐに来ていれば最初の2週間だけ休めば早く治ったんですけどね。そうなると完治するまでに8ヵ月とか9ヵ月もかかるんです。

**原**　自覚症状がなくても痛めた箇所を固定しておかないといけないということは、なかなかできないような気がします。

**元島**　では、こういえば理解してもらえるでしょうか。切り傷を治療したとして、かさぶたができたときにそれを剥がすとまたかさぶたができる。それをはがすとまたかさぶたができる。それを繰り返すと結局は傷跡が残ってしまいます。3週間とか2ヵ月、3ヵ月という数字を出すと大事な時間が失われてしまうと考えがちですが、長い目で見た場合、その休養は必要だったりするんですよね。

**原**　そのお話でよくわかりました。

**母親**　よくわかりました。

**元島**　捻挫＝多少の痛みはどうってことはないというのは、日本人の固定観念でもあるかもしれません。例えばインターナショナルスクールの子どもと話すと「自分の体に痛いところがあった場合は運動はしない」と言うんです。「痛いのに体を動かすなんてクレイジーだ。そんなことをしたら治らないじゃないか」って。彼らは「楽しくやろうぜ」という気持ちが根底にある。でも日本人の場合は「我慢して頑張ろう」みたいなものがあるのかもしれません。もう少し補足したいのですが、捻挫の治療期間に水泳の練習はできないかもしれないけれど、ほかにやれるトレーニングはありますよ。泳いでいる動画をチェックする時間にも充てられますよ。

**原**　そうですよね。休養期間中に自分の泳ぎの動画を見たり、正しいフォームの泳ぎを見て比較したりできますよ。

**元島**　そうです。そういうことも練習のひとつと考えることができます。それと、ここでは水泳の話を中心にしていますが、多くの子どもにとっては水泳がすべてではないですよね？　こんなことを言ったら怒られるかもしれませんが、金メダルを獲ったからといってそれだけで生きていけるわけではないです。これはひとつの例ですが――小学生のときにあるスポーツをしていてとても能力に恵まれていたらしいんです。でも捻挫をして、それを治しきれず競技を続けることが難しくなりました。その子は両親とも体が大きくなく小柄だったそうです。そこで親子で話し合った結果、その子はジョッキーを目指すことにしたんだとか。

**原**　その話には捻挫したときの治療の選択、人生の選択という2つのテーマが含まれていますね。

# 生理のときもプールに入っていいの？

**母親**　今日は、どうしても先生にお伺いしたいことがあるんです。それは水泳をしている子どもの生理のことです。極めてシンプルな疑問ですが、生理期間中はプールに入ってもいいのでしょうか。大丈夫なんでしょうか。私が小中学生のときの体育の授業では、生理のときは見学だった記憶があります。

**元島**　結論から言うと基本的には大丈夫なんです。水中では水圧によって経血が抑えられるので。ただ、問題は水に入っていない時間なんです。練習の合間にプールから出た際、経血が漏れることがあります。

**母親**　いったん練習が始まると、子どもは生理中であることを忘れてしまうと思うんです。

**元島**　経血が漏れているのに気づいたら、自分でスイミングキャップでプールの水をすくって流したりしています。もしも本人が気づいていない場合は、近くにいる仲間が教えてあげるとか水をかけて流してあげるといいんじゃないですかね。実際に女の子同士はそうしています。もう少し年齢が上がってくると、仲間に生理であることを明かす子も出てきて、すると仲間たちは「だったら私たちがガードするよ」とか、連係プレーをするケースもあります。生理の子を囲むようにしてプールサイドを移動するとか。

**母親** 競技者まで行く前の女の子の場合は、休むという選択をする子もいますが、どういう基準で考えればよいでしょうか？

**元島** 一般のコースの場合は無理をせずに休んでいいと思います。でも選手コースの子はいつもと同じように練習することが多いということをお伝えしておきますね。お子さんがスイミングクラブに通っている場合は、話しやすい年上のお姉さんがいればどう対処しているのか聞いてみるのも手だと思います。子ども同士だと聞きにくい場合は母親同士で情報交換するとか。

**母親** 水泳に限らずトップアスリートになると大きな大会と生理が重なる場合、薬でずらすという話も聞きます。

**元島** 競技によってバラつきはありますが、薬で時期をずらしている選手もいます。婦人科の先生は「競技生活が終わって服用をやめれば元に戻ります。普通に出産もできます」と言うんですけどね……。婦人科の先生と私たち整形外科医の見解が食い違う部分でもあるんです。私は月経に関しては、ちゃんと婦人科を受診して処方してもらうようにしましょうとアドバイスをします。インターネットで簡単な手続きで薬を入手できてしまうことは大きな問題と考えています。

**母親**　知ることができてよかったです。話を小中学生のレベルに戻して伺いたいのですが、以前は学校で生理の話は男性に対してはタブーと言いますか、教室外に出して女性にだけ説明していたと思うんです。その世代が私たち親世代でもあります。

**元島**　そうなんです。ある程度の年齢になれば男性も知識を得たり、子どもがそういう年齢になれば妻経由で聞いたりして娘の生理を知ることになるとは思うんですが、本当は男性もしっかりと女性の体のこと、生理について正しい知識を持っていてほしいですね。お父さんもそうですし、男性指導者もそうです。もう10年以上前になるんでしょうか、男性の人気歌手がナプキンのCMに出ていました。もうそういう時代になったんです。

**父親**　たしかにその通りですね。この話は真剣に受け止めます。

**元島**　水泳界でも中学生ぐらいのスイマーを集めて合宿をすることがあるんですが、生理に関する基礎的な話もします。男性コーチにも「いっしょに話を聞いてくださいね」と声をかけるんですが、正直言って集まりはよくないんです。その場にいても寝たふりをするとか。まだ抵抗のある人は多いんじゃないでしょうか。でも、中には選手が生理になっているとか、服用している薬が合っていないんじゃないか、などと見破るコーチもいます。私は男性もしっかりと知識を得るべきだと思います。日本水泳連盟では月経問題について正しい理解と対応が進むように『Women's Health Project for Japanese Swimmers』と題し、「女性水泳選手の悩みをサポートする」動画を配信しています（別項）。ぜひご覧ください。

［月経問題に関して資料紹介］
日本水泳連盟公式ホームページ「Women's Health Project for Japanese Swimmers」リンク先にテキストと動画多数あり

## 女性アスリートが抱えている問題

- 月経困難症
- 月経前症候群
- 過多月経
- 無月経
- 月経不順
- 初経遅延
- 月経周期とコンディション
- 経血に関する不安　など

# 月経問題について

日本水泳連盟公式ホームページ
**Women's Health Project for Japanese Swimmers**

## 公式ホームページ冒頭挨拶文

多くの女性アスリートが月経等に関する健康問題を抱えながら競技生活を送っています。日本水泳連盟では、医事委員会、アスリート委員会、競技力向上コーチ委員会が連携し、「競泳」「飛込」「水球」「AS（アーティスティックスイミング）」「OWS（オープンウォータースイミング）」の5種目の女性水泳選手が抱える健康問題に対し、選手・指導者・保護者等を対象に教育・啓発・課題抽出・受診環境整備を行い競技力向上に寄与する目的で活動しています。

## 一部動画紹介

ここに紹介する動画以外にも同公式ホームページには
女性水泳選手をサポートする多くの情報が集約されている

［月経について］

月経と性ホルモンの仕組み

生理用品

競技生活と月経

# 月経問題について

一部動画紹介

［月経について］

学生アスリートの
月経相談相手

学生アスリートの
月経対策の実態

月経困難症

月経前症候群

過多月経・貧血

低用量ピルとは？

プロゲスチン製剤とは？

もっと月経について
話し合える環境を

## 月経問題について

一部動画紹介

《《《 婦人科をより身近に

［女子アスリートの健康問題について］

《《《 REDs

《《《 女性アスリートの身体特性とケガとの関係

《《《 女性アスリートのパフォーマンス

女性アスリートと
スポーツ外傷・障害

女性アスリートにおける
整形外科疾患

脳振盪と女性アスリート

アスリートとしての
食生活の基本

## 第７章の習慣（まとめ）

53 野菜、肉、魚とバランスよく
食べることが重要

54 小学校高学年から中学生頃は
人生の中でもっとも栄養が必要な時期

55 ジャンキーフードは文字どおり
中毒性がある

56 エネルギー消費に見合った量の
食事が必要

57 レースの合間には糖分を補うべき

58 水から出たあとは体と頭、耳の中を拭く。
鼻のかみ方にも気をつける

59 捻挫は靭帯損傷、水泳は足首を使って
泳ぐので捻挫を軽視しない

60 男性も女性の体のこと、生理について
正しい知識を持つ

# おわりに

## 水泳に注ぐ愛情と熱量に刺激

## おわりに　水泳に注ぐ愛情と熱量に刺激

2ヵ月間に8人の賢者の方々に話を伺うことができ、仕事としても個人的にも実り多い取材だった。いつも接しているボクシングとは異なるが、同じスポーツに携わる人の情熱とエネルギーは半端ないとあらためて実感したしだいだ。

半世紀以上も見慣れてきたボクシングは一対一のコンタクト競技で、勝者と敗者のコントラストが色濃く出ることが多い。規定の体重に収めるために減量も伴うし、ある程度のケガは受け入れなければ続けられない。試合中の負傷も多い。勝つか負けるか、結果はふたつしかない（まれに引き分けもあるが）。リング上のやり取りに加え、その厳しさが格闘競技の醍醐味ともいっていいかもしれない。

この数年、水泳を見る機会が多くなり、ボクシングとは異なった面白さを感じるようになった。特に競技者の成長が数字で計れるという点と、タイムで勝負が決する非情さに惹かれている。順位だけでなく定められたタイムに0・01秒でも足らなければ次に進めないし、同タイムの場合はスイムオフ（決着戦）もある。少なくとも孫が大会に出場する以前、つまり3年半前まで、私はそれらを知らなかった。

もうひとつ、自己ベストを出すことも重要だと知らされた。大会のあと、泣きながら親といっしょに帰る子どもを何度も見かけたが、その中には決勝に残れなかったりライバルに負けただけではなく、自己ベストが出ずに涙を流していた子もいたはずだ。

不明を恥じるばかりである。

取材する機会をいただき、2025年に入った時点で抱いていた疑問の多くは解け、勉強不足ゆえに足らなかった知識も少しは増えた気がする。8人の賢者の方々には感謝の言葉しか浮かばない。スイミングクラブの経営、コーチ、団体の運営、医師、教師、用具のメーカーと水泳との関わり方はさまざまだが、競技に注ぐ愛情と熱量は皆さん半端ないものがあった。

実はこうして書き終わったいまも、第6章でお世話になった内田さんの言葉が耳に強く残っている。「日本最高峰の日本選手権でも会場を満員にすることは容易ではないんです。現場に観戦に来ていただかないことには水泳の面白さを伝える術がないんです」――大会を見に行くたびに何か妙案が浮かんでこないか考えているが、現時点では私も答えが出て来ない。

この先も水泳を見続けていくことになりそうなので、視野を広げながら焦らずに孫たちといっしょにヒントを見つけていこうと思っている。

原功

著者
プロフィール

## 原　功
（はら・いさお）

1959年4月7日生まれ。埼玉県深谷市出身。日本大学法学部新聞学科卒。1982年にベースボール・マガジン社に入社。「ボクシングマガジン」の編集に携わり、1988年から1999年まで11年間、同誌の編集長を務める。2001年に退社し、以後はフリーのボクシングライターとして活動。雑誌への寄稿や日本テレビ「ダイナミックグローブⅡ」のMCを務めたほか、現在まで24年以上にわたりWOWOWエキサイトマッチの番組構成を担当。著書に『ボクシング名勝負の真実――日本編』『ボクシング名勝負の真実――世界編』（いずれもネコ・パブリッシング）、『タツキ～愛とボクシングに生きた男の半生～』（PHP研究所）など。このほか『波乱万丈 辰吉丈一郎自伝』『続 波乱万丈』（いずれもベースボール・マガジン社）、『畑山隆則 男の自伝』（徳間書店）、『意志道拓 長谷川穂積』（KKベストセラーズ）などの構成を担当。今回、水泳をやっている孫の関係で本書に関わることになった。

# 子《こ》どもが水泳《すいえい》を始《はじ》めたら読《よ》む本《ほん》
## 8人《にん》の賢者《けんじゃ》に聞《き》いた60の習慣《しゅうかん》

2025年4月30日　第1版第1刷発行

著　者　原《はら》　功《いさお》
発行人　池田哲雄
発行所　株式会社ベースボール・マガジン社
〒103-8482 東京都中央区日本橋浜町 2-61-9　TIE 浜町ビル
電　話　03-5643-3930（販売部）
03-5643-3885（出版部）
振替口座　00180-6-46620
https://www.bbm-japan.com/

印刷・製本　広研印刷株式会社


ISBN978-4-583-11739-3　C2075